0,15

Nadine Sieger

Shoes

Warum Frauen nicht ohne sie
leben können

Nadine Sieger

Shoes

Warum Frauen nicht
ohne sie leben können

FREIBURG · BASEL · WIEN

MIX
Papier aus verantwor-
tungsvollen Quellen
FSC® C083411

© Verlag Herder GmbH, Freiburg im Breisgau 2015
Alle Rechte vorbehalten
www.herder.de

Satz: post scriptum, Emmendingen / Hüfingen
Herstellung: CPI books GmbH, Leck

Printed in Germany

ISBN 978-3-451-31303-5

Inhalt

Faszination Schuh
Wieso, weshalb, warum

»Gib einer Frau die passenden Schuhe,
und sie kann die Welt erobern.«

Begreifen kann man dieses Phänomen eigentlich nur, wenn man
es selbst erlebt hat. Erwachsene Frauen mit Stil und Verstand,
die kollektiv ihre Fassung verlieren. Und die Selbstbeherrschung
noch dazu. Die Ursache für die Hysterie: Schuhe. Um genau zu
sein: die unwiderstehlichen Schleuderpreise, mit denen die Designer zwei Mal im Jahr ihre Restbestände und Musterschuhe
an die Frau bringen. Mit den ersten Sample Sales verhält es sich
wie mit den ersten Dates. Man erinnert sich sein restliches Leben daran, es ist unfassbar aufregend, aber einige Exemplare
hätte man sich durchaus sparen können. So stand ich vor vielen Jahren, beladen mit mehr Schuhen, als ich eigentlich tragen
konnte – in meinen Armen und an meinen Füßen sowieso –,
in dem winzigen Schuhgeschäft des hippen Designer-Duos »Si-
gerson Morrison« im New Yorker Stadtviertel SoHo. Um mich
herum Frauen auf der Pirsch, barfuß und lüstern. Denn sobald
man ein potenzielles Paar auch nur eine Millisekunde aus der
Hand legte, war es verschwunden – sofort. Weggeschnappt von
der gierigen Konkurrenz. Selbst auf die eigenen ausgelatschten

Schuhe musste man achtgeben wie ein Luchs. Hielt man für einen Moment inne, lag der Irrsinn der Situation glasklar auf der Hand, aber gleich in der nächsten Sekunde wurde ich genau von diesem wieder zurück in den Kaufrausch gerissen. Denn das anvisierte Objekt der Begierde musste unter allen Umständen verteidigt werden. Ob das Modell nun eine Nummer zu groß oder zu klein war, schien erst einmal zweitrangig. Bei den verführerischen Preisen war auch ich ausnahmsweise mal flexibel. Auch, ob das grelle Exemplar in Gelb überhaupt zu irgendeinem Teil in meinem Kleiderschrank passte, war irgendwie irrelevant. Geschweige denn, ob ich mit dem zehn Zentimeter hohen Absatz überhaupt unbeschadet von der Haustür bis zur nächsten U-Bahn-Station gelangen würde.

Das Sample-Sale-Fieber schaltete nicht nur die Vernunft, sondern auch meine mathematische Logik komplett aus. Das realisierte ich allerdings erst ein paar Tage später, als ich wieder ausgenüchtert meine Kontoauszüge checkte. Noch an der Kasse stehend konzentrierte ich mich lieber voll und ganz auf die 659 Dollar, die mir auf dem Beleg Schwarz auf Weiß und fett gedruckt deklariert wurden – als: »gespart«. Sechs Paar (!!!) neue Schuhe und 659 gesparte Dollar. Das klang doch wunderbar.

Dieses Schauspiel wiederholt sich in New York mindestens zwei Mal im Jahr. Wenn in Schuhboutiquen oder in Luxuskaufhäusern wie Bergdorf Goodman auf der Schuh-Etage im Frühling und im Herbst der Sonderschlussverkauf beginnt, mutieren Frauen zu gnadenlosen Jägerinnen. Die Trophäen heißen Jimmy Choo, Manolo Blahnik und Christian Louboutin. Die sonst so vornehme Schuhabteilung verwandelt sich in Nullkommanichts in ein wüstes Schlachtfeld.

Ganze Etagen stellen diese renommierten Kaufhäuser mittlerweile für ihre eleganten Schuhkollektionen zur Verfügung. Die

Abteilung in der New Yorker Shopping-Institution Sak's Fifth Avenue ist mit fast 800 Quadratmetern so exorbitant, dass die amerikanische Post ihr 2007 sogar eine eigene Postleitzahl einrichtete: 10022-SHOE.

Aus irgendeinem Grund sind wir Frauen in puncto Schuhe unersättlich. Für jeden Anlass, jede Stimmung, jedes Lebensgefühl und jedes Outfit gibt es genau das passende Modell. Auch wenn das eine oder andere Paar ein Leben lang ungetragen auf der Ersatzbank wartet. Aber man weiß ja nie, vielleicht kommt auch für diese Exemplare noch der große Einsatz. Wer schon mal danebengegriffen hat, weiß, dass der falsche Schuh das komplette Outfit ruinieren kann. Und die Laune dazu. »Ganz klar, der Schuh bestimmt den Look und nicht umgekehrt«, bestätigt mir auch Ulrich Grimm, Chefdesigner der Calvin-Klein-Accessoires, in einem Interview.

Schuhe sind außerdem treue Erinnerungsbarometer und loyale Zeitzeugen. Das erste Paar Doc Martens war ein Meilenstein, darin sind wir auf Konzerten, Partys und Festivals durch die Höhepunkte unserer Jugend getanzt. Auch die ersten cremeweißen, knöchelhohen Chucks von Converse haben sich für immer in mein Gedächtnis eingegraben. Vor allem, weil wir dafür kämpfen und den Eltern begreiflich machen mussten, warum man für ein Paar Stoffturnschuhe über 100 D-Mark hinblättert, wenn es doch genau die »Gleichen« von einer anderen Marke für die Hälfte gab. Dass eine Naht an der falschen Stelle den Schuh augenblicklich als billige Imitation enttarnte, war Grund genug, in das doppelt so teure Original zu investieren. Damals geradezu überlebensnotwendig. Und dann das erste Paar Designer-High-Heels, mit denen wir symbolisch in einen neuen Lebensabschnitt schritten. Als Belohnung für einen schwer verdienten neuen Job, eine Gehaltserhöhung, Fundament für einen neuen Look oder einfach nur so. »Gib einer Frau die passenden Schuhe, und sie kann die Welt erobern«, sagte schon Marilyn Monroe. Und sie wusste schließlich, wovon sie sprach. Irgendwo in den Tiefen des Bewusstseins hat sich wohl in jeder weiblichen Psyche insgeheim eine kleine Cinderella eingenistet. Da ist dieser Traum, mit einem Paar Schuhe möglicherweise das ganze Leben zu verändern. Oder irgendwann mal den ultimativen »Mr. Big« zu erobern.

Mit seinen Schuhen drückt man sich aus, gehört dazu, sendet Signale. Und während man Männern vorwirft, dass sie mit Handtaschen nichts anfangen können, gibt es durchaus einige männliche Kandidaten, die der Schuhobsession genauso verfallen sind wie wir Frauen. Die waschechten Turnschuhfanatiker – genannt »Sneaker Heads« – campieren sogar nachts mit ihren Skateboards und einem Rudel Konkurrenten vor Läden wie der New Yorker Street-Style-Institution »Supreme«, um am nächsten Morgen ein Exemplar der limitierten Editionen zu ergattern. Und das meist nicht mal, um die Sneakers dann gleich stolz zur Schau zu tragen, sondern um sie umgehend und unangetastet in die deckenhohe Sammlung im heimischen Schuhregal einzureihen. Schuhkarton neben Schuhkarton. Hunderte davon. So wird ein Gebrauchsgegenstand zum Kultobjekt und Statussymbol, dessen Wert sich in kürzester Zeit durchaus bis in die Tausende vervielfachen kann. Da ist es kein Wunder, dass auch wir Frauen gelegentlich in ein einziges Paar Schuhe eine Summe investieren, die locker mit der Monatsmiete konkurrieren kann. Der Schuh als soziale Währung, ein Investment in den gesellschaftlichen Status. »Die Schuhbesessenheit hat in den letzten Jahren ein ganz neues Level erreicht«, bestätigt Valerie Steele, Direktorin und Kuratorin des Museums des »Fashion Institute of Technology« in New York, »High Heels sind die neuen ›It-Bags‹ und absolute Statussymbole.«

Um auch gleich als solches erkannt zu werden, lassen sich die Designer einiges einfallen. Der Franzose Christian Louboutin zum Beispiel verpasst seinen Luxuskreationen seit 1992 eine leuchtend rote Sohle. Sein mittlerweile weltweit berühmtes Markenzeichen. Die Entwürfe von unten mit dem knallroten Nagellack seiner Assistentin zu bepinseln war angeblich ein Spontaneinfall. Mittlerweile entgeht selbst einem ungeübten Auge nicht, wenn unten die rote Sohle hervorblitzt. Man weiß sofort, die Trägerin hat nicht nur Ahnung, sondern auch das nötige Kapital. Schließlich kostet so ein Paar mehrere Hundert, wenn nicht gar mehrere Tausend Euro. Dieser Wiedererkennungswert ist heiß begehrt, nicht nur bei treuen Kundinnen wie Sarah Jessica Parker, Halle Berry und Jennifer Lopez (die ihrer Lieblingsschuhmarke sogar eine Song widmete: *Louboutin*), sondern auch bei der Konkurrenz, die die kultige Sohle ungeniert kopiert. Louboutin zog daher schon mehrmals gegen Plagiatoren vor Gericht und klagte sowohl gegen die spanische Kette Zara als auch das französische Modehaus Yves Saint Laurent. Schließlich hat sich der französische Designer den Pantone-Farbton »18 Chinese Red« unter seinen Sohlen beim US-Patentamt als Markenzeichen schützen lassen. In zweiter Instanz gab man ihm im Fall Yves Saint Laurent dann sogar recht. Die Konkurrenz darf sich nun in Zukunft der farbigen Sohle nur noch bedienen, wenn der komplette Schuh rot gehalten ist. Erfunden hat Louboutin die roten Sohlen übrigens nicht. Schon der französische König Ludwig XIV. tanzte mit rot besohlten Schuhen durch seinen Palast. Zu diesem High-Heel-Adel möchten in Modemetropolen wie Manhattan noch immer einige Frauen gehören. Auch eine Freundin konnte der Anziehungskraft nicht widerstehen. Das Problem: Ein Original von Louboutin lag völlig außerhalb ihrer finanziellen Reichweite. Ihre Lösung: Einige schlaue Schuster in New York sind schon vor

Jahren auf die Idee gekommen, herkömmliche Sohlen einfach rot einzufärben. Mittlerweile gibt es sogar schon Farbe zum Selbst-Anmalen, »Save Your Sole« von der Britin Amanda Collins.

Angefangen hat alles 1919. Damals veröffentlichte die US-Mode-bibel *Vogue* das erste Mal einen Artikel, der ausschließlich Fuß-bekleidung gewidmet war. Ein Meilenstein für Schuhe als Stars der Modewelt. Fast genau achtzig Jahre später wurden Schuhe dann sogar zu Stars einer Fernsehserie. Woche für Woche habe ich Anfang 2000 mit Millionen anderer Frauen auf der ganzen Welt gebannt die Abenteuer von Carrie Bradshaw und ihren drei besten Freundinnen in *Sex and the City* verfolgt. In der TV-Show drehte sich alles um das Liebes- und Sexleben der vier New Yor-ker Singles, aber für das Lebensglück der Hauptdarstellerinnen war ein neues Paar Manolo Blahnik weitaus entscheidender als ein erfolgreiches Date. Manolo Blahnik, ein Schuhdesigner, der vor Serienstart wohl nur modevernarrten und gut betuchten Da-men ein Name war. Frauen eben, die sich dessen Luxus-Stilettos auch leisten konnten. Nach der ersten SATC-Staffel war »Ma-nolo« selbst meiner Mutter ein Begriff. »Hi, it's Carrie. I'm shoe shopping«, unterstrich der Anrufbeantworter der Hauptdarstel-lerin den Stellenwert des Schuhs im Leben Bradshaws. In der Serie geht es sogar so weit, dass Carrie in einer Episode namens »What Comes Around Goes Around« überfallen wird. Der An-greifer hat es ausschließlich auf ihre pinkfarbenen Manolo-San-dalen abgesehen. Das sei aber doch ihr Lieblingspaar, protestiert sie. Eine Szene, die in einer Stadt wie New York durchaus realis-tisch erscheint.

Nach archäologischen Schätzungen erfand der Mensch vor etwa 40 000 Jahren das Konzept Schuh. Anfangs natürlich aus-schließlich als Schutz vor äußeren Widrigkeiten. Von Mode war damals noch keine Rede. Erstaunlicherweise führte diese Protektion des Fußes zu einer evolutionären Wandlung mit erheblichen Folgen: Unsere vier kleinen Zehen wurden kürzer und kürzer und letztendlich wesentlich schwächer als der große. Eines der wenigen und wichtigen Details, in denen wir uns heute von anderen Primaten unterscheiden. Selbst beim Fund des legendären Alpen-Ötzis – des 5300 Jahre alten Mannes aus dem Eis – stieß man auf primitives Schuhwerk aus Hirschleder und Lindenbastgeflecht mit einer Sohle aus Bärenfell. Den ältesten bekannten Lederschuh fand man erst vor ein paar Jahren in einer Höhle in Armenien, schätzungsweise aus der Zeit um 3400 v. Chr. Dieses Urzeitmodell ist den mittlerweile hippen deutschen Birkenstocks nicht ganz unähnlich. Modisch war man sich anfangs allerdings nicht einig. Die alten Griechen hielten Schuhe für weibisch und ästhetisch nicht sehr ansprechend. Die Römer sahen das ganz anders. Mit Schuhen manifestierte man im Römischen Reich seinen gesellschaftlichen Rang. Sklaven mussten barfuß laufen, während freie Bürger in Schnürsandalen mit genagelter Sohle durchs Leben schreiten durften. Prostituierte nutzten die Sohle sogar als clevere Anzeigenfläche und ließen dort »Folge mir« eingravieren.

Während das Design anfangs durch Klima und Region bestimmt wurde, drückten wir später jahrhundertelang mit dem Schuhwerk unsere Herkunft, Profession und unseren sozialen Stand aus. Zwischen Geschlechtern wurde zu Beginn nicht unterschieden. Das änderte sich erst etwa im 14. Jahrhundert. Männerkleidung wurde enger und kürzer, und plötzlich trugen modebewusste Adelige in England und Frankreich »Poulaines«: extrem zugespitzte Schnabelschuhe, die bis zu 13 Zentimeter über den großen Zeh hinausragten. Für Frauen mit ihren langen Kleidern damals völlig untragbar. Auch Schönheitsideale spielten eine große Rolle. Keine Kultur trieb es so weit wie die Chinesen.

So deformierte man jungen Mädchen im chinesischen Kaiserreich von der frühen Tang-Dynastie bis in das 20. Jahrhundert die Füße durch Einbinden und Knochenbruch. Das Ideal war der »Goldene Lotus«, ein Fuß, nicht länger als 7,5 Zentimeter. (Zum Vergleich: Ein heutiger Fuß mit Schuhgröße 37 ist etwa 25 Zentimeter lang!) Erotisches Statussymbol in den Augen der Männer, lebenslange Qual für die Frauen. Kleine Füße wurden vom 17. bis zum 19. Jahrhundert auch in Europa als Symbol »physischer Schönheit« und »hoher Herkunft« verehrt. Auf Gemälden ließ man die Füße Adeliger daher absichtlich winzig wirken.

»Bei der Wahl der Schuhe geht es Frauen heute in erster Linie um Verführung«, so Bruno Frisoni, seit 2003 Creative Director bei Roger Vivier. Besonders eindeutige Modelle nennt man daher auch ironisch »Fuck-Me-Shoes«. »Frauen kokettieren auch untenherum gerne mit ihrem Dekolleté, sprich den sichtbaren Spalten zwischen ihren Zehen«, erläutert Valerie Steele, »das schreit nach Sex.« Für erotische Fotostrecken in Magazinen wie dem *Playboy* verzichtet man daher auf Kleidung, aber nicht auf High Heels. Die sollen die Nacktheit der Frauen noch zusätzlich hervorheben. Wissenschaftliche Forschungen gehen noch heute davon aus, dass unsere Faszination für Schuhe auf der sinnlichen Natur des Fußes basiert. »Dass unsere Füße im Gehirn als besonders erotisch abgespeichert sind, hat einen biologischen Ursprung«, so Valerie Steele. Der kanadische Neurochirurg Wilder Penfield erforschte dieses Gebiet schon in den Vierziger- und Fünfzigerjahren des letzten Jahrhunderts. Er fand heraus, dass Sinneswahrnehmungen von verschiedenen Körperteilen im Gehirn abgespeichert werden und dass die Rezeptoren für die Genitalregion dort direkt neben denen für die Füße liegen. »Es ist also möglich, dass es dort gelegentlich zu Überlappungen kommt«, fährt Steele fort.

Der amerikanische Schuhforscher William Rossi schrieb ein ganzes Buch zum Thema Schuhfetischismus: *The Sex Life of the Foot and Shoe.*

In einigen Kulturen galt es als unmoralisch und weitaus beschämender, die Füße zu enthüllen als die Genitalien. Auch in unserer westlichen Welt war es lange unschicklich, seinen Fuß zu entblößen. Peep-Toes und Sling-Backs, zwei Trends, die erst 1937 auf der Bildfläche erschienen, befreiten den Fuß nach und nach von diesem kulturellen Korsett. Der italienische Stardesigner Salvatore Ferragamo ließ mit seinem »Invisible Shoe« 1947 dann alle Hüllen fallen. Quasi ein Keilabsatz, der nur mit durchsichtigen Nylonbändern am Fuß gehalten wird. Ein Originalexemplar befindet sich mittlerweile in der Sammlung des Brooklyn Museums. Der ehemaligen *US-Vogue*-Chefredakteurin Edna Woolman Chase waren diese »nackten« Schuhe so zuwider, dass man dies noch 1957 in ihrer Todesanzeige erwähnte.

In den letzten Jahren hat sich ein gewisser Höhenrausch eingestellt. Niemand verkörpert diesen Trend gelungener als Lady Gaga, die auf schwindelerregend steilen Absätzen bisher erstaunlicherweise unbeschadet durch ihre Superstar-Welt balanciert. Die meisten dieser gefährlich hohen, teils absatzlosen Konstruktionen hat der japanische Avantgarde-Designer Noritaka Tatehana entworfen. Für ihr Musikvideo *Marry The Night* konstruierte Tatehana den »Lady Pointe«, eine pinkfarbene, Ballerina-artige Skulptur mit 45 Zentimeter Absatzhöhe, in dem der Fuß fast komplett vertikal steht.

Aber es geht natürlich noch höher. So hoch, dass man eigentlich nicht mehr laufen kann. So musste Gaga an einem sonnigen Septembermorgen von ihrem Bodyguard aus dem Auto getragen werden. Die Sängerin war auf dem Weg zu einem *Vanity-Fair*-Cover-Shoot mit der Promi-Fotografin Annie Leibovitz, die den Popstar in einem federnen Valentino-Couture-Kleid auf den Straßen New Yorks ablichten wollte. An den Füßen trug sie eine weitere Extremkreation Tatehanas, was dazu führte, dass sie auch den restlichen Tag beidseitig von ihren Helfern gestützt werden musste und diese dabei um einiges überragte. Doch letztendlich brachten die nudefarbenen 47 Zentimeter hohen »Lady Romanesque« den Popstar trotz menschlicher Stützen zu Fall. Kein Grund für Lady Gaga, ihre Fassung zu verlieren, oder den Hot Dog in ihrer linken Hand, der den Sturz unbeschadet überlebte. So wie auch Gaga.

»Life is short. Heels shouldn't be«, so Schuh-Designer Brian Atwood. Womit wir beim nächsten Kapitel wären ...

Hoch hinaus

Wie High Heels zu Superstars der Schuhwelt wurden

Der Schuhschrank meiner Oma war die große Wunderkammer meiner Kindheit. Die Modelle mit Absatz hatten es mir natürlich besonders angetan. Nicht dass ich darin auch nur ansatzweise laufen konnte, aber trotzdem stöckelte ich stundenlang mit meinen winzigen Füßen in den viel zu großen Schuhen durch die Wohnung. Diese Faszination für High Heels scheint bereits bei kleinen Mädchen tief in ihrer weiblichen DNA verankert zu sein. Trotzdem war die Welt erstaunt, wenn nicht sogar entrüstet, als Katie Holmes' kleine Tochter Suri als Dreijährige plötzlich mit Stöckelschuhen durch Manhattan lief. »Sie liebt meine High Heels, wie jedes kleine Mädchen, also habe ich ihr welche gekauft«, verteidigte der Hollywoodstar damals seine Entscheidung. Sie habe Tanzschuhe mit Absatz für Kinder gefunden, die völlig gesund und harmlos für die kleinen Füße seien. Die Boulevardpresse lief damals natürlich trotzdem Amok.

High Heels, ein modisches Meisterwerk, an dem sich bis heute die Geister scheiden. Im Laufe der Schuhgeschichte immer wieder als Statussymbol gefeiert oder als unehrenhaft und verrucht verachtet. Gerade noch ein Ausdruck der Emanzipation, im nächsten Augenblick als frauenfeindlich verdammt.

Zweifelsfrei sind High Heels heute Symbol für Sex-Appeal, Erfolg und Weiblichkeit. Manolo Blahniks High Heels seien so gut wie Sex, behauptete Pop-Queen Madonna 1992 in einem *Vogue*-Interview. Nur dass man länger was von ihnen hat, fügte sie noch schnell hinzu.

»It's hard not to be sexy in a pair of High Heels«, bestätigt Tom Ford. Kein Wunder, werden Po, Brust und Beinlänge beim Tragen von hohen Absätzen automatisch hervorgehoben. »Da ist ein Element der Verführung, das bei Männern nicht existiert. Frauen können mit ihren Schuhen sexy, charmant, geistreich oder schüchtern sein«, bemerkt High-Heel-Guru Christian Louboutin. Die italienische Designerin Donatella Versace lässt per se nichts Flaches an ihren Fuß. Ohne Heels fühle sie sich schlicht und ergreifend nackt, gab sie mal in einem Interview zu.

High Heels beeinflussen zwangsläufig den Gang und die Erscheinung. Die veränderte Haltung kann wie ein Facelift für den ganzen Körper wirken. Und das ohne wochenlange Schweißstrapazen im Fitnessstudio. »High Heels haben großes Transformationspotenzial. Man probiert einen neuen Schuh an, und schon hat man eine neue Identität. Mit einem neuen Badeanzug funktioniert das nicht«, so begründet Dr. Valerie Steele die Faszination für hohe Absätze. Bruno Frisoni geht sogar so weit zu behaupten, dass Frauen sich in flachen Schuhen fragil und verletzlich fühlen, in hohen hingegen sinnlich, stark und schön. »Der Absatz verlängert die Silhouette und das Bein und lässt eine Frau schlanker erscheinen«, sagt der Franzose in einem Interview im *The Shoe Book* von Nancy MacDonell. Auch Manolo Blahnik bestätigt: »Man steigt in einen High Heel und verändert sich sofort.«

Das alles mag in den meisten Fällen der Wahrheit entsprechen. Allerdings verhelfen hohe Absätze nicht zwangsläufig zur gewünschten eleganten Ausstrahlung. Manchmal bewirken sie leider genau das Gegenteil, wie ich aus eigener Erfahrung zu berichten weiß. Schuld war mal wieder ein im Sample Sale ergattertes Paar. Sehr schicke kastanienbraune, kniehohe Lederstiefel. Mit einem Absatz, der das Bein wunderbar verlängerte. Immer und immer wieder schritt ich testend im Laden auf und ab. Natürlich hatte ich schon eine Vorahnung, aber ich redete mir ein, dass sie irgendwie ganz bequem seien. Dieser Eindruck verflüchtigte sich beim ersten Einsatz auf der Straße ziemlich schnell, als ich in den Boots eine etwas längere Distanz als die wenigen Meter der Ladenbreite zurücklegen musste. Ich schaffte es trotzdem fast bis zum Büro, als eine männliche Stimme von hinten raunzte: »Mädchen, zieh die Schuhe aus. Du kannst ja kaum laufen.« Ein vernichtendes Urteil, aber leider wahr. Ziemlich beschämt und mit geschundenen Fußsohlen rührte ich mich den ganzen Tag nicht von meinem Schreibtisch. Keine Frage, souverän auf hohen Absätzen zu laufen ist eine Kunst. Die muss man beherrschen oder sich einfach eingestehen, wenn der Schuh die eigene Kompetenz um ein paar Milli- oder gar Zentimeter überragt.

Selbst High-Heel-Profi und Stilikone Daphne Guinness hat sich eine vertikale Grenze gesetzt. Alles ab 28 Zentimetern führe selbst bei ihr zu Blasen und Schmerzen, gab sie mal zu. Aber 20 Zentimeter, das sei einfach. Für mich und die meisten Frauen eine unerreichbare Höhe. Man könne seine Füße dafür trainieren, wie beim Sport. Flache Schuhe kämen für sie nicht mehr infrage, da habe sie das Gefühl, nach hinten umzufallen. Ihre Muskeln seien dafür einfach nicht mehr ausgerichtet.

Mein Schuster milderte meine Schmach. Ich sei kein Sonderfall, versicherte er mir, er kürze ständig Absätze. Und ja, selbst berühmten Runway-Models entgleite immer mal wieder die Balance. So wie Superprofi Naomi Campbell. Sie stürzte 1993 legendär während einer Vivienne-Westwood-Show auf dem Laufsteg in Paris mit einem violetten, etwa 30 Zentimeter hohen Paar Plattform-Heels und einem breiten Lachen im Gesicht. Denn: Hauptsache, man bewahrt Haltung.

Den Schuster zurate zu ziehen ist mittlerweile nicht mehr die einzige Lösung für untragbar hohe High Heels. In Paris bieten Marine Aubonnet und Eugénie Bret in ihrer Talons Academy Kurse an, in denen man die Kunst der High-Heel-Akrobatik erlernen kann. Kopfsteinpflaster als praktisches Übungsschlachtfeld inklusive. In Hollywood und Manhattan helfen Fußorthopäden per Schönheits-OPs, die Schmerzgrenze zu erhöhen. Das Programm ist vielfältig: Thrombozyten-angereicherte Plasma-Therapie, Stammzelleninjektionen, Fülleinlagenpolster für den Fuß, und sogar Botox hilft, ein paar Zentimeter mehr Absatz zu ertragen. »Patientinnen bringen ihre Traumschuhe sogar oft mit. Nur aus diesem Grund zum Messer zu greifen mag oberflächlich und eitel erscheinen, aber vielen Frauen verhilft das zu mehr Selbstbewusstsein. Oft gehören High Heels einfach zu einer erfolgreichen Karriere«, erzählte Dr. Ali Sadrieh, ein Fußspezialist aus Los Angeles, der *New York Times*. Für ihn sind diese Eingriffe eine Fusion aus Medizin und Märchentraum. Deshalb nennt er seine Operation auch Cinderella-Behandlung. Danach kann man schmerzfrei Jimmy Choos, Manolos und Louboutins ertragen, die vorher völlig außer Reichweite lagen. All diese Maßnahmen sind nicht ganz unumstritten, denn Extrem-Stilettos können den Fuß ernsthaft deformieren.

Die weniger invasive Lösung ist, sich zu merken, welcher Designer in der Regel am besten passt. Die meisten Schuhdesigner arbeiten nämlich immer wieder mit denselben Leisten und Passformen. »Wenn man einmal einen Schuh gefunden hat, der besonders gut sitzt, sollte man sich unbedingt den Designer merken und möglichst dort seine Schuhe kaufen«, rät auch Ulrich Grimm,

Hoch hinaus

Chef-Accessoire-Designer bei Calvin Klein. Die Konstruktionen von Prada und Michael Kors sind zum Beispiel in der Regel etwas breiter als der Durchschnitt.

Die Promi-Podologin Dr. Suzanne Levine hat fünf Bücher zum Thema geschrieben, mit treffenden Titeln wie *My Feet Are Killing Me*. Sie betreibt auf der Park Avenue in New York seit über 25 Jahren das »Institute Beauté«, eine Fußklinik samt medizinischem Spa. In ihrem Büro bekunden Prominente wie *US-Vogue*-Chefredakteurin Anna Wintour, Supermodel Naomi Campbell und TV-Star Oprah Winfrey mit Briefen und Fotos ihre Dankbarkeit. Um gewisse Schuhe tragbar zu machen, verkürzt sie Zehen, verschlankt Füße und verwendet Injektionen.

So mancher Schuhtraum erfordert allerdings so brutal drastische Behandlungen, dass selbst Experten ablehnen. Eine Patientin von Dr. Oliver Zong, dem selbst ernannten Erfinder des »Fuß Face Lifts« und Gründer von »NYC Footcare«, wünschte sich eine Komplett-Amputation ihrer kleinen Zehen. Diese Radikalmaßnahme erinnerte selbst Dr. Zong zu sehr an die bösen Stiefschwestern von Aschenputtel, und er verweigerte den Eingriff.

Trotz aller Risiken wollen die Designer mit ihren Entwürfen immer höher und höher hinaus. High-Heel-Virtuosen wie Manolo Blahnik kreieren regelmäßig Prototypen, die so gefährlich sind, dass sie nie in Produktion gehen. Und der japanische Avantgarde-Designer Noritaka Tatehana verschiebt die Grenzen des Tragbaren mit seinen Extrem-Kreationen immer weiter und weiter. Sein Plateau »Circus« ohne Absatz treibt es mit enormen 66 Zentimetern dermaßen auf die Spitze, dass man das Modell nicht mehr als Schuh, sondern als Stelze bezeichnen müsste. Vorbote und vermutlich Vorbild dieser schwindelerregend hohen Absätze sind die historischen »Chopines«. Ein Schuh mit einer lebensgefährlichen, bis zu 50 Zentimeter hohen stelzenartigen

Sohle aus Holz oder Kork. Um das 16. Jahrhundert waren diese Plattformmonster in Südeuropa, besonders in Venedig, schwer in Mode. Sowohl Kurtisanen als auch Adelige wankten in den absurd hohen Modellen die wenigen Schritte vom Palast zur Gondel. Ein Balanceakt, der nur mit beidseitiger Unterstützung von Bediensteten zu leisten war. Die Botschaft: Die Trägerin stand in der sozialen Rangliste auch sinnbildlich hoch über allen anderen. Nicht zuletzt weil die Extrahöhe dazu führte, dass für die Gewänder mehr edler Stoff vonnöten war, was wiederum bewies, dass man sich diesen leisten konnte.

Modische Schauspiele dieser Art können sich heutzutage nur sehr wenige Frauen leisten. Nur wenn vor der Tür schon der Fahrer wartet, der die High Heels samt Trägerin in der Limousine durchs Leben kutschiert. So wie der Publicity-Junkie Lady Gaga, der sich immer wieder stolz mit ultrahohen Designerkunstwerken in Szene setzt. Und dafür auch den ein oder anderen Sturz in Kauf nimmt.

Der erste wirkliche Absatzschuh erschien vermutlich Ende des 16. Jahrhunderts auf der Bildfläche. Wer, wann, wo, wie und warum – darüber streiten sich bis heute die Schuhexperten. Königin Elisabeth I. war auf jeden Fall eine der ersten dokumentierten Absatzträgerinnen Europas, wie ein Gemälde belegt. Einer Legende nach haben wir den Trend der hohen Absätze aber nicht etwa einer Frau, sondern dem Bruder von Louis XIV. zu verdanken. Monsieur Philippe war so klein, dass er dem Spott seiner eigenen Frau mit einem fünf Zentimeter hohen Absatz zu entfliehen versuchte. Louis jedoch hörte davon und gab ebenfalls einen Absatz in Auftrag. Er war schneller, und daher nannte man diesen neuen Schuh »Louis Heel«. Der ganze Hof kopierte den Stil, und die Mode verbreitete sich wie ein Lauffeuer von

Versailles über ganz Europa. Erstaunlicherweise waren die Absätze von Männern und Frauen ein paar Jahrzehnte lang gleich hoch. Erst Ende des 17. Jahrhunderts wuchsen die Frauen- über die Männerabsätze hinaus.

Die Französische Revolution (1789–1799) setzte dem Eroberungsfeldzug der hohen Absätze dann erst mal ein Ende. Niemand wollte mit dem Adel assoziiert werden, auch nicht mit dessen Mode. Kleidung sollte wieder nüchtern, bescheiden und schlicht sein. Dem barocken Revival sei Dank, kehrten High Heels Mitte des nächsten Jahrhunderts wieder als Trend zurück. Plötzlich war man wieder schwer fasziniert von Louis und seinem Hofstaat. Besonders begehrt waren Pumps aus delikater Seide und Satin.

So ging es rauf und runter, bis der Franzose Christian Dior 1947 die Ära der plumpen Plattform und Keilabsätze mit einem legendären Auftritt und einer bis dato nicht gekannten Medienwucht beendete. Am 12. Februar um 10.30 Uhr präsentierte der damals 42-jährige französische Designer seine erste Kollektion. Jeder Entwurf benannt nach einer Blume. Die Modejournalistinnen schritten erwartungsvoll über ein Blumenmeer des Pariser Traditionsfloristen Lachaume zu ihren Plätzen. Und sie wurden nicht enttäuscht. Die neunzig Looks, die sie an diesem Morgen zu sehen bekamen, waren so innovativ, dass Carmel Snow, die berühmte Chefredakteurin der *Harper's Bazaar,* verzückt aufschrie: »Was für eine Revolution, lieber Christian! Deine Kleider haben einen ganz neuen Look.« Der mittlerweile ikonische Modebegriff »The New Look« war geboren. Lange schwingende Röcke, voluminöse Silhouetten, winzige Taillen, betonte Hüften und Brüste, und dazu trugen die Models verführerische spitze Pumps mit feingliedrigen Pfennigabsätzen. Ganz im Gegensatz zu den Journalistinnen, die in der ersten Reihe verschämt versuchten, ihre plumpen, altmodischen Plattformschuhe unter den Sitzen zu verbergen. »The New Look« löste auf beiden Seiten des Atlantiks lawinenartig eine neue Euphorie für Mode aus. Nach den nüchternen und schwermütigen Nachkriegsjahren, der Materialknappheit und den allgegenwärtigen Uniformen war dieser sinnliche, ultrafeminine Look eine Offenbarung. Dior wurde schlagartig zum »berühmtesten Franzosen der Welt«, befand die Tageszeitung *L'Aurore.* »Die Rückkehr zu einem Ideal zivilisierter Freude«, so beschrieb Dior selbst seinen neuen Look.

Es war der französische Schuhdesigner Roger Vivier, der den »New Look« mit seinen Schuhkreationen für Dior krönte. Er wird noch heute als Erfinder des Stilettos gefeiert. Mit seinem extrem hohen und filigranen Absatz der wohl immer noch berühmteste High Heel unserer Zeit. Ein architektonisches Meisterwerk, dessen ausgefeilte Konstruktion es ermöglichte, dass Absätze konsequent höher und dünner kreiert werden konnten. Das Fundament legte der Italiener Salvatore Ferragamo schon in den Dreißigern mit einer Stahlfeder, die den Bogen zwischen Sohle und Absatz unterstützt. Für die berühmte französische Nachtclubsängerin Mistinguett entwarf der Designer André Perugia dann wenige Jahre später Fetish Heels, die dem Stiletto sehr nahekamen. Diese waren aber wohl eher ausschließlich dazu gedacht, den Herrenbesuch an der Tür auf Augenhöhe zu empfangen, als wirklich darin durch Paris zu gehen.

Der Begriff selbst tauchte 1952 in der *Vogue* auf. Man versuchte den unglaublich populären, klingendünnen Absatz irgendwie zu benennen. Stiletto basiert auf dem lateinischen Wort »stilus«, übersetzt: Spitzpfahl. Dass man Dolche mit sehr dünnen Klingen während der Renaissance Stiletto nannte, ist sicher auch kein Zufall. Italienische Hersteller übernahmen das Wort daraufhin für ihre Entwürfe.

Die perfekte Stahlverstärkung, die dem Gewicht der Trägerin standhielt, musste aber noch erfunden werden. Genau das gelang Roger Vivier 1954 mit einem dünnen Stahlstab, der sich in den filigranen Holz- oder Plastikabsätzen versteckte. Acht Zentimeter hoch und nicht breiter als ein Cent. Wer darauf lief, veränderte automatisch seine Haltung. Dieser Schuh, kombiniert mit einem Bleistiftrock und tiefem Dekolleté, schuf damals eine Legende: die Bombshell, personifiziert von Hollywoodstar Marilyn Monroe. »Ich weiß nicht, wer High Heels erfunden hat, aber wir Frauen verdanken ihm eine Menge«, so Monroe damals. In einer warmen Septemberspätsommernacht 1954 in Manhattan, kurz nach Mitternacht, filmte der Hollywood-Star auf der Lexington Avenue in Midtown eine Szene für *Das verflixte 7. Jahr* von Billy Wilder, die auf ewig in die Filmgeschichte eingehen sollte. Die Luft aus dem U-Bahn-Schacht wirbelt der heißen Blondine das weiße Kleid von Designer William Travilla hoch (das 2011 auf einer Auktion für 4,6 Millionen Dollar versteigert wurde), an den Füßen weiße Riemchen-Stilettos von ihrem Lieblingsschuhdesigner Salvatore Ferragamo. Tausende von laut kreischenden Fans gerieten so außer Kontrolle, dass die Szene später im Fox Studio in Kalifornien nachgedreht werden musste. Der »Monroe-Effekt« hat sich für immer eingeprägt.

Stilettos waren in den Fünfzigern und Sechzigern das Must Have in jedem Kleiderschrank. Doch wie so vieles kamen auch sie kurz darauf wieder aus der Mode. Passenderweise genau in dem Moment, als die spitzen Absätze anfingen, die Öffentlichkeit zu verärgern. Aus Orten wie dem Louvre und anderen Museen wurden Stilettos sogar kurzzeitig verbannt, da sie angeblich die Fußböden ruinierten.

Das Comeback ließ jedoch nicht lange auf sich warten. Modefotografen wie Helmut Newton, Deborah Turbeville und Guy

Bourdin erklärten den Fetisch-Look in den Siebzigern zur großen Kunst. High Heels standen in diesem Kontext natürlich sofort wieder im Vordergrund. Die düsteren, teils verstörenden Aufnahmen des Franzoses Bourdin revolutionierten die damalige Ästhetik der Modebranche. Gewalt, Sex und High Heels waren die wiederkehrenden Motive des Fotografen. Er provozierte, brach Tabus und schockierte mit seinen surreal-grotesken Aufnahmen. Auch in den Kampagnen der französischen Schuhfirma Charles Jourdin, für die er in einer Saison sogar den Tod seiner eigenen Frau nachstellte, vermutlich ein Selbstmord.

Starfotograf Helmut Newton lichtete seine Models eine Zeit lang am allerliebsten völlig unbekleidet und ausschließlich in High Heels ab. Er sagte mal, dass er die sexy High Heels für seine Foto-Shoots damals in den Siebzigern nur in Fetischläden finden konnte. Diese Zeiten sind längst vorbei. Heute symbolisieren High Heels nicht mehr Pornografie und Rotlichtviertel, sondern Macht, Stil und die Emanzipation der modernen Frau. Nicht ganz unbeteiligt an dieser Imagewende war die Kult-Serie *Sex and the City,* die »Manolos« in den Neunzigern zu einem weltweiten Erkennungsmerkmal für das neue weibliche Vorbild »Carrie Bradshaw« machte – die unabhängige, stilbewusste Single-Frau.

»In flachen Schuhen kann ich mich einfach nicht konzentrieren«, soll die erfolgreiche britische Modedesignerin und Ex-Spice-Girl Victoria Beckham mal gesagt haben. Frau trägt High Heels heute nämlich nicht mehr um den Männern zu gefallen – sondern ganz einfach sich selbst.

Auf leichten Sohlen an die Spitze

Turnschuhe: vom Sportplatz auf den Laufsteg

Irgendetwas passte damals nicht so ganz ins Bild. Ich war gerade von Hamburg nach New York gezogen, und auf dem Weg in mein neues Office in Midtown, dem Büroviertel Manhattans, war ich nun jeden Morgen umgeben von einem Schwarm makellos gekleideter Karrierefrauen. Perfekte Fönfrisuren, manikürte Nägel, teure Designerhandtaschen, jede Menge Schmuck, sehr geschmackvolle Outfits, aber dann: an den Füßen Sportschuhe. Ein wunderbares Klischee und amüsantes Straßenbild, das mir in Deutschland so offensichtlich bis heute nicht begegnet ist. Hatten diese Frauen etwa schon morgens um 8.oo Uhr kollektiv ihr Sportpensum abgearbeitet und sprinteten noch in Turnschuhen zur Arbeit? Selbst in der Stadt der Sportfanatiker eher unwahrscheinlich. Und die High Heels steckten offensichtlich in jederfraus Handtasche. In der Lobby oder im Aufzug wurden sie dann schnell und diskret ausgetauscht. Dieser für Manhattan so typischen Turnschuhkombo setzte die Schauspielerin Melanie Griffith als Tess McGill 1988 mit ihrem Film *Working Girl* ein Denkmal. Damals der ultimative New Yorker Karrierelook. Kein

Wunder, legt man hier wie in keiner anderen Stadt zu Fuß täglich Marathonstrecken zurück. Mit Absatz kaum zu bewältigen.

Der Anfang dieses Trends lässt sich mit dem 1. April 1980 exakt terminieren. An diesem Tag begann ein U-Bahn-Streik in New York, der die ganze Stadt fast zwei Wochen lahmlegte. Ambitioniert, wie die New Yorkerinnen so sind, zogen sie einfach ihre Pumps aus, Turnschuhe an und liefen zur Arbeit. Über die bekannten Brücken, die kleinen Seitenstraßen und langen Avenues bis zur Wall Street und in die Büros von Midtown. »Der neueste Sporttrend in New York ist Laufen, ganz spezifisch zur Arbeit ... in Turnschuhen!«, schrieb die *Vogue* damals, vermutlich etwas entsetzt. Eine Ausnahmesituation wurde, zumindest in New York, zur Regel.

Mittlerweile spielen Sneakers längst selbst die Hauptrolle. Und werden in den meisten Fällen auch gar nicht mehr von High Heels abgelöst. Auch nicht im Büro. Ganz im Gegenteil. Die Erfolgswelle des Sneakers rollt seit einigen Jahren über die Modewelt hinweg und erreicht gerade ihren bisher absoluten Höhepunkt: Sportschuhe haben es selbst bei französischen Haute-Couture-Modehäusern wie Dior, Saint Laurent und Chanel auf den Laufsteg geschafft. Und das in einem Land, in dem die Fashion-Elite über einen derartigen Stilbruch noch die Nase rümpfte, obwohl Amerika und der Rest Europas dem Sneaker-Fieber schon längst erlegen war. Die Italienerin Miuccia Prada galt 2004 noch als Pionierin, als sie ihren »Linea Rossa America's Cup Trainer« in Schwarz, Silber oder Weiß entwarf. Heute hat fast jeder namhafte Designer Sneakers im Sortiment, von Prada über Céline bis Burberry. Luxusvarianten aus Pythonleder, Ponyfell oder Tweed, mit Spitze, Perlen, Kristallen, Nieten oder handbestickt. Selbst High-Heel-Virtuose Christian Louboutin hat sich zu flachen Gummisohlen »herabgelassen«, natürlich in Rot. Preislich können diese

Edelturnschuhe oft mit eleganten Designer-High-Heels mithalten. Vierstellige Summen sind keine Seltenheit. »Turnschuhe sind wie Jeans für die Füße. Frauen tragen sie mittlerweile überall«, erklärte Chanel-Designer Karl Lagerfeld kürzlich in der Modebibel *Women's Wear Daily*.

In den letzten dreißig Jahren schafften Turnschuhe es auch immer mal wieder, sich modisch neu zu erfinden. Kürzlich ein Riesenerfolg – wie immer erst bei Promis wie Kate Bosworth, Miranda Kerr und Beyonce zu sehen, und dann überall –: der »Wedge Sneaker«, ein Turnschuh mit versteckt-integriertem Keilabsatz. Inklusive Gummisohle etwa zehn Zentimeter hoch. Die verlängerte Optik eines Pumps, mit dem Komfort eines Sportschuhs. Dass diese mit etwa 700 Dollar genauso teuer wie ein Paar Designer-Stilettos sind, hat die Erfolgslawine in keinster Weise ausgebremst. Die »Wedge Sneaker« waren über Monate hinweg ausverkauft. Erstmals entworfen von der französischen Designerin Isabel Marant. Die Idee sei ihr gekommen, da sie ihre eigenen Turnschuhe schon seit Teenagerzeiten mit Kork auslege. Ganz einfach um größer zu erscheinen. Mittlerweile ist der Wedge unendlich oft kopiert worden, in allen Farben, Materialien und Variationen – selbst von Sport-Gigant Nike.

Der allererste Turnschuh, der speziell für Frauen entwickelt wurde, war unglaublich schlicht. Ein extrem weicher, mit Frottee gefütterter Turnschuh namens »Freestyle«, komplett weiß. Gezielt kreiert für den damals ganz neuen Trendsport Aerobic, der vor dem Soundtrack der Achtziger Flexibilität und Ausdauer versprach. Reebok (benannt nach einer leichtfüßigen afrikanischen Gazelle) launchte das Modell 1982. Dem Amerikaner Paul Fireman, der in den späten Siebzigern die US-Lizenz des damals britischen Unternehmens kaufte, war nämlich aufgefallen, dass Turnschuhhersteller die Zielgruppe Frau bis dato schlichtweg übersehen hatten. Diese Feststellung und der daraus resultierende »Freestyle« erwiesen sich umgehend als Erfolg und absolute Goldgrube. Dank Jane Fonda. Die populäre zweifache Oscarpreisträgerin und meinungsstarke Vietnamkriegsgegnerin hatte zwei Jahre zuvor ein Fitnessstudio in Los Angeles eröffnet. Dort gab der Hollywoodsuperstar morgens sogar selbst noch Kurse. Ihr Buch *Jane Fonda's Workout Book* stürmte wochenlang die Bestsellerlisten. Den Vorschlag, ihr Image als Fitnessguru mit Videos zu vermarkten, in denen die Oscar-Gewinnerin vorturnte, lehnte sie anfangs dankend ab. Sie ließ sich dann aber doch noch überreden und hüpfte kurze Zeit später in einem schimmernd-blauen, hautengen Turnanzug mit Taillengürtel, farblich abgestimmten Stulpen und einer hochgeföhnten Haarsprayfrisur über Millionen Fernsehbildschirme. Im Hintergrund ihr stylishes Assistententeam im Eighties-Partnerlook. Mit diesen Heimvideos für die Leibesertüchtigung löste Fonda damals einen Fitnesswahn und Aerobic-Boom aus. Perfektes Timing für den Reebok »Freestyle«. Der Turnschuhhersteller witterte eine einzigartige Gelegenheit und stattete die Lehrer in Fondas Studio mit kostenlosen Modellen aus. Heutzutage gang und gäbe, damals ein absolutes Novum. Das Konzept ging auf: Reeboks »Freestyles« tauchten umgehend in Fondas Videos auf, und plötzlich sah man Frauen in ganz LA in den weißen »Freestyles«. Beim Flanieren, Shoppen, Kaffeetrinken. Ein bis dahin unbekanntes Straßenbild.

Als die amerikanische Schauspielerin Cybill Shephard 1985 zu den Emmy Awards dann auch noch in einem ultra-eleganten schwarzen schulterfreien Abendkleid auftauchte, dieses mit ihren schicken langen schwarzen Handschuhen anhob und lachend ein Paar knallorangefarbene High-Top-Reeboks enthüllte, war der Schuh nicht nur Fitnesstrend Nummer eins, sondern auch der

erste Hollywoodstar in Gestalt eines Turnschuhs. Der »Freestyle«
ist noch immer ein Rebook-Bestseller.

Der Wegbereiter aller Turnschuhe war vor fast 200 Jahren der
Plimsoll. Die »Liverpool Rubber Company«, später Dunlop, pro-
duzierte in den 1830ern Stoffschuhe mit einer Art Gummisohle.
Genannt »Sandschuh«, gedacht für die Ferien- und Strandtage
der britischen Arbeiterschicht. Der Spitzname »plimsoll« basiert auf dem dicken Gummiband, das die Naht zwischen Sohle
und Stoff als Schutz umgab und aussah wie die Lademarke eines
Schiffes (auf Englisch: plimsoll). Weil die Schuhe ganz nebenbei den Aufprall abfederten und jegliche Rasenfläche unversehrt
ließen, entdeckten auch Athleten den Schuh nach und nach für
sich. Bei den Olympischen Spielen in Paris 1924 war er dann an
etlichen Sportlerfüßen zu sehen.

Möglich wurden Turnschuhe mit ihrer typischen Gummisohle erst, nachdem man eine Methode gefunden hatte, Gummi
zu stabilisieren. Die Lösung war ein Vulkanisierungsprozess, der
heißes Gummi mit Schwefel kombinierte. Eine Revolution für
die Schuhwelt. Denn bisher schmolzen Sohlen aus Kunststoff an
heißen Sommertagen unpraktischerweise dahin. Der amerikanische Erfinder Charles Goodwin meldete 1830 das erste Patent an.

Diese Stoffschuhe mit Gummisohle bekamen Anfang des
20. Jahrhunderts in Amerika den Spitznamen »sneaks«, da man
darin lautlos durch die Gegend schleichen konnte. Der Werber
Henry Nelson erfand diesen Namen für eine Keds-Kampagne.
Das schlichte Modell »Champion« war Amerikas erster berühmter Turnschuh, der 1916 als Tennisschuh gelauncht wurde.
Trendsetter aus allen Jahrzehnten wie Audrey Hepburn, Jackie
Kennedy, Marilyn Monroe, John Lennon und The Ramones verehrten Keds. Einer Legende nach war auch der Künstler Andy

Warhol ein großer Fan und trug jedes einzelne Paar, bis es ihm von den Füßen fiel.

Genauso legendär ist der Converse. Die »Converse Rubber Corporation« entwickelte um 1917 in Massachusetts ein Modell speziell für Basketballspieler. Ein paar Jahre später wurde der damals berühmte Basketball-Star Charles »Chuck« H. Taylor unter Vertrag genommen, so ziemlich der erste Promi-Deal der Schuhgeschichte. Bis heute ein voller Erfolg. Weltweit. Denn selbst wer von Mr. Taylor noch nie gehört hat, nennt die All-Star-Basketballschuhe noch 100 Jahre später »Chucks«. In den Siebzigern und Achtzigern wurde der Basketball-Sneaker zur Uniform der Punkrock- und Grunge-Szene. Kurt Cobain trug ein schwarzes High-Top-Paar in seinem Video *Smells Like Teen Spirit*, damals der ultimative PR-Coup. Anfangs nur in Schwarz erhältlich, ist die Farbpalette und Auswahl an Mustern mittlerweile endlos.

An der Westküste Amerikas rollte in den Sechzigern ein weiterer Sneaker-Trend durch die Straßen: Vans. Ein Familienunternehmen, das 1966 von Paul van Doren gegründet wurde. Mit zwei Partnern spezialisierte er sich auf schlichte waschbare Stoffturnschuhe. Perfekt für die Surfer- und Skateboardszene, die sich in den Siebzigern in Kalifornien formierte und den Schuh sofort für sich in Beschlag nahm.

Sneakers wurden Teil des »American Way of Life«. Ein Repräsentant von »U.S. Rubber« verkündete stolz in der *Newsweek*, dass »Turnschuhe wie Hotdogs« seien, »ein Teil Amerikas«. Und natürlich immer wieder auch ein Symbol für Jugend, Rebellion und Anti-Fashion.

Die Welthauptstadt aller Sportschuhe lag jedoch schon damals in einem kleinen idyllischen deutschen Örtchen im mittelfränkischen Landkreis Erlangen-Höchstadt: Herzogenaurach. Hier, in ihrer Heimatstadt, gründeten Adi und Horst Dassler das Erfolgsunternehmen »Gebrüder Dassler Schuhfabrik«. Nach einem Streit und der daraus resultierenden Trennung entstanden so die Konkurrenzfirmen Adidas und Puma.

1986 passierte dann etwas gänzlich Unerwartetes: Ein Adidas-Turnschuh rückte als Symbol des damaligen Kulturphänomens Hip-Hop ins Rampenlicht. Der Rap-Band Run DMC sei Dank. Das berühmte Hip-Hop-Trio aus Queens/New York kürte die Entwürfe der deutschen Sportmarke zur Uniform und trug die drei Streifen teils von Kopf bis Fuß. Im identischen Adidas-Partnerlook standen sie dann auch 1986 bei ihrer »Raising Hell«-Tour auf der Bühne. An den Füßen trugen sie das Modell »Superstar«, einen weißen Basketballschuh mit den drei charakteristischen schwarzen Streifen und einer Zehenkappe aus Gummi – ohne Schnürsenkel und mit herausgezogener Zunge – und sangen ihren neusten Hit *My Adidas*. Der Song schlug ein wie eine Bombe. Eine Hommage an einen Turnschuh, der für immer in die Musikgeschichte einging und umgehend zum Kultobjekt aufstieg.

Adidas hatte von dieser Sensation anfangs keine Ahnung. Bis Senior-Mitarbeiter Angelo Anastasio auf einem Konzert im Madison Square Garden in New York das Schauspiel zufällig live miterlebte. Tausende von Run-DMC-Fans strömten in ihren Adidas in die Arena und wedelten den »Superstar« hysterisch durch die Luft. Dieses Spektakel wiederholte sich bei jedem Auftritt. Eine bessere internationale PR hätte sich das deutsche Unternehmen aus Herzogenaurach nicht wünschen können. Anastasio sorgte umgehend dafür, dass Adidas das Trio unter Vertrag nahm. Schon ein paar Tage später unterzeichnete es den Eine-Million-Dollar-Deal. Eine absolute Sensation und das erste Mal, dass einer Rap-Band ein derartiger Werbevertrag angeboten wurde. Die Verkaufszahlen schossen raketenartig in die Höhe. Der über 45 Jahre alte »Superstar« ist bis heute ein Verkaufsschlager.

»Die drei Rapper mit den drei Streifen« hatten einen ganz neuen Stil kreiert, mit dem sich die Hip-Hop-Welt schon kurze Zeit später voll identifizierte. Sowohl die Fans als auch Rapper-Kollegen wie die Beastie Boys und LL Cool J übernahmen den »von Kopf bis Fuß Sport-Look«. Dieser ungeahnte Mega-Marketingerfolg in den Achtzigern ebnete den Weg für Adidas' enges Verhältnis zur Hip-Hop- und Musik-Szene und für viele weitere Multimillion-Sponsoren-Deals mit Giganten wie Kanye West, Missy Elliott, Snoop Dog und Pharrell.

Der US-Konkurrent Nike steht Adidas mit seinen cleveren Vermarktungsstrategien in keiner Weise nach. Auch das amerikanische Label setzt schon lange auf Kollaborationen mit Künstlern, Designern und Kreativen wie Marc Newson, Riccardo Tisci oder Tom Sachs. Und natürlich mit Starathleten. Wie 1984, als Michael Jordan, der wohl berühmteste Basketballspieler aller Zeiten, einen Zweieinhalb-Millionen-Dollar-Vertrag mit Nike unterschrieb. Der Megastar musste damals überredet werden, aber Nike brauchte dringend einen Image-Boost und scheute keine Kosten. Der daraus resultierende weiß-rot-schwarze »Nike Air Jordan« katapultierte das Unternehmen aus Oregon an die Spitze und ist mittlerweile eine Legende. Der Turnschuh mit dem Namen des 1,98 Meter großen Basketballers brachte im ersten Jahr 130 Millionen Dollar ein. Die Fans liebten »Air Jordan« – sowohl den Spieler als auch den Schuh – noch mehr, als herauskam, dass Jordan für jedes Spiel in den weiß-rot-schwarzen Nikes 5000 Dollar Strafe zahlen musste. Die NBA erlaubte nämlich damals keine »bunten« Schuhe (obwohl die Farben des Schuhs die der Team-Uniform der Chicago Bulls widerspiegelten). Jordan trug sie natürlich trotzdem.

Das Nike-Imperium wurde von Philip »Buck« Knight, einem leidenschaftlichen und erfolgreichen Läufer, mit seinem Trainer William J. Bowerman gegründet. Zusammen importierten die beiden anfangs die japanischen »Tigers« und verkauften sie aus dem Kofferraum an Studenten. Als es vertragliche Probleme mit den Japanern gab, entschieden sich die beiden Anfang der Siebziger, auf eigene Faust ein Label zu gründen: Nike, benannt nach der griechischen Göttin des Sieges. Ihre Maxime damals wie heute: »Serve the athlete.« Und natürlich wollten sie Adidas und Puma ernsthaft Konkurrenz machen. Knight war überzeugt, dass er im Vergleich zu den europäischen Marktführern bessere Qualität zu niedrigeren Preisen liefern konnte. 1972 launchten die beiden dann den ersten Schuh: »The Cortez«. Bowerman experimentierte mit dem Waffeleisen seiner Frau, und eine der erfolgreichsten Sohlen der Welt entstand: die leichtfüßige »Waffle Sole«, die beim Laufen extrem abfedert. Tennisstar Jimmy Connors gewann darin 1974 das Wimbledon-Finale. Die nächste erfolgreiche Technologie, die Nike 1979 entwickelte, war »Air« für den »Air Force 1«. Dabei wurde eine mit Edelgasgemisch gefüllte Schicht in die Sohle integriert, die beim Laufen entstehende Belastungen reduziert und die Beweglichkeit und den Komfort erhöht.

Die Kunststudentin Carolyn Davidson entwarf das Logo, den Nike-Haken (auf Englisch: swoosh) – dem Flügel der Siegesgöttin Nike nachempfunden. Angeblich bekam sie damals 35 Dollar für den Entwurf, der die Gründer anfangs nicht mal überzeugte. »Ich kann nicht sagen, dass ich das Logo liebe, aber vielleicht wächst es mir ja noch ans Herz«, soll Knight gesagt haben. Heute ist der Haken eines der bekanntesten Markenzeichen der Welt, zeitweise war er sogar das beliebteste Tattoo-Motiv Amerikas. Angeblich wurde Davidson Jahre später mit ein paar Aktien entlohnt. In welchem Wert, bleibt ein Nike-Geheimnis.

Trotz ihrer mittlerweile großen modischen Erfolge mit Straßenschuhen sind die Giganten Adidas und Nike (die mittlerweile längst in Fashion-Tempeln wie Barneys und auf der Luxus-Shoppingseite Net-a-porter verkauft werden) noch immer vor allem die größten Konkurrenten beim athletischen Wettrüsten. Die Erzrivalen investieren weiterhin viel Geld in neue Technologien und Materialien, die Sportleistungen weiter in die Höhe treiben.

Und nachdem sich das Mode-Universum endgültig den Turnschuh einverleibt hat, hat die Sportwelt einen scheinbar paradoxen neuen Trend entdeckt: »Barfuß«. Ein archaisches Phänomen, das bei vielen Athleten zur neuen Mode geworden ist. Der amerikanische Journalist Christopher McDougalls hat dazu 2009 den Bestseller *Born to Run* veröffentlicht. Sportwarenhersteller wie Nike und Newton entwickeln mit Hochdruck abgespeckte Modelle, die den Effekt des Barfußlaufens simulieren. Der Marathonläufer Abebe Bikila aus Äthiopien war diesem Trend weit voraus. Er gewann 1960 während der Olympischen Spiele in Rom barfuß die Goldmedaille. Zurück zum Ursprung. Ganz ohne High-Tech-Turnschuhe.

Germany's Top Models

Birkenstock, Doc Martens und Adidas

Made in Germany – ein Qualitätsanspruch, für den man gerade als Deutsche im Ausland eine besonders hohe Wertschätzung entwickelt. Einen heimlichen Stolz geradezu. Reduzierung aufs Wesentliche, Fokus auf Effizienz und Produktivität und dabei immer ein Fünkchen bodenständig und bitte auch bescheiden. Das macht im besten Falle deutsches Design aus – von den zuverlässigen Miele-Waschmaschinen über die ästhetischen Braun-Wecker bis hin zu den Luxuswagen von Mercedes. Und auch wenn Deutschland sich bislang nicht gerade als Nabel der Schuhwelt durchsetzen konnte, wurden hier drei internationale Erfolgsgeschichten geboren: Birkenstock, Doc Martens und Adidas.

Birkenstock

Der Erfolg hält bis heute an. Die *New York Times* verkündete jüngst sogar, dass dieser Sommer ein »Birkenstock Summer« sei. Ich kann der renommierten US-Tageszeitung nur zustimmen. Egal wohin man schaut, begegnet man hier seit einiger Zeit auf der Straße und allen relevanten Modeblogs dem deutschen Gesundheitsschuh. Ganz klar ein modischer Widerspruch, der einen gewissen Mut zur Hässlichkeit erfordert. Denn auch wenn sie an Bequemlichkeit kaum zu übertreffen sind, sind »Birkis« – wie man sie liebevoll nennt – alles andere als elegant. Und schmeichel- oder vorteilhaft schon gar nicht. Wenn man von oben einen Blick auf seine entspannt im Fußbett ausgebreiteten Füße wirft, drängt sich sofort ein berechtigter Verdacht auf: Dehnen sich meine Füße diesen Sommer zu unkontrollierbaren Quadratlatschen aus und passen sie im kommenden Herbst überhaupt noch in irgendeinen normalen Schuh? Aus irgendeinem unerfindlichen Grund sind sie trotzdem cool. Ein Trend, der zurzeit Millionen Fußsohlen aufatmen lässt. Ganz besonders beliebt: der Klassiker »Arizona« in Weiß, der Inbegriff der Birkenstock-Sandale, Geburtsjahr 1973. Genau dieses Modell wurde in Deutschland jahrzehntelang ausschließlich von Krankenschwestern und Ärzten getragen. Sowie das geschlossene Model »Boston«, das vier Jahre später, 1977, auf den Markt kam.

Die Tieffußbettsandale »Arizona« mit zwei Stegen ist in den USA derzeit so beliebt, dass sie zwischendurch komplett ausverkauft war, selbst online. Deshalb legte ich mir bei meinem letzten Heimatbesuch in Deutschland gleich ein Paar zu. Denn dort standen sie in allen Schuhgeschäften noch brav in allen Größen im Regal. Ich erntete prompt ein paar verständnislose Blicke. »Wieso sollten wir den weißen Arizona denn nicht mehr in Ihrer Größe haben?«, fragte mich die Verkäuferin deutlich irritiert. Die Vorstellung, dass ausgerechnet dieses Model in sterilem Weiß ausverkauft sein könnte, erschien ihr offensichtlich absurd. Auch meine Freundin Christina aus München berichtete, dass man bei ihr im Büro etwas verdutzt geschaut habe, als sie ihr neues Designerkleid mit einem Paar weißer Birkis kombinierte. In den

USA hat der deutsche Gesundheitsschuh auf jeden Fall längst sein Müslifresser- und Hippie-Image abgeschüttelt. Weibliche wie männliche Hollywoodstars von Leonardo DiCaprio, Ashton Kutcher über die Olsen Sisters (die die Sandale auch gerne mit Socken kombinieren) bis hin zu Naomi Watts und Gwyneth Paltrow werden regelmäßig in der Ökolatsche abgelichtet. Und das nicht auf dem Weg zum Supermarkt oder Sport, sondern im Ausgeh-Look, kombiniert mit einem schicken Kleid oder Blazer.

Die Wurzeln der Birkenstock-Dynastie, noch heute in Familienhand, reichen zurück in das Jahr 1774. In diesem tauchte Johann Adam Birkenstock in dem kleinen hessischen Ort Langen-Bergheim als »Untertan und Schuhmacher« auf. Über 100 Jahre später eröffnete sein Nachfahre Konrad Birkenstock in Frankfurt am Main zwei Schuhfachgeschäfte und begann kurz darauf, eigene Einlagen herzustellen. Das von ihm erfundene »Blaue Fußbett« passt sich den Bewegungen und der Fußform des Trägers harmonisch an. Damals eine absolute Innovation. Und heute noch das Fundament jedes Birkenstocks. Einer natürlichen Trittspur im Sand nachempfunden, entspannt das Fußbett die Muskulatur fast wie beim Barfußlaufen. Es stabilisiert den Körper in perfekter Balance und absorbiert den Aufprall. Die anatomischen Ausformungen unterstützen den Fuß so optimal und schonen Gelenke und Rücken. Laut Birkenstock wird zugleich die Fuß- und Wadenmuskulatur gestärkt und sogar die Durchblutung gefördert.

Enkel Carl war es, der die flexible Korkeinlage zur festen Innensohle machte. 1963 kam dann das erste Modell der »Birkenstocksandale« auf den Markt: »Madrid«. Der modische Durchbruch gelang der Gesundheitssandale auch damals zuerst in Amerika. 1967 wurde der Funktionsschuh erstmals in Bioläden in Kalifornien verkauft. Das Timing hätte nicht besser sein können, passten diese Ursandalen doch perfekt zu den Hippie-Idealen und dem dazugehörigen Lifestyle. Birkenstocks wurden zur auserwählten Fußbekleidung der Generation Woodstock, während man sich in Deutschland lange nur in seinen eigenen vier Wänden damit sehen lassen durfte. Mittlerweile gilt das deutsche Unternehmen als viertgrößter Schuhhersteller weltweit, zu dem sich auch schon Staatsmänner wie Helmut Kohl und Bill Clinton bekannten.

Doc Martens

Auch wenn in meiner Jugend kein dringlicher Anlass zur Rebellion bestand, waren diese maskulin-aggressiven Schuhe das perfekte Accessoire zum Teenager-Aufstand gegen alles und jeden – die Lehrer, die Eltern, die Schule, das Leben im Allgemeinen. Unsere Mütter und Väter fanden diese klobigen Boots mit Stahlkappe natürlich entsetzlich, aber sie gehörten damals einfach dazu. Sie waren ein fester Bestandteil des Dresscodes der MTV-Generation. Also gaben die Eltern unserem Gebettel irgendwann nach. Zumindest entstand der Eindruck, wenn man sich damals auf den Partys umschaute. An allen Füßen Doc Martens. Man musste sich die Boots damals verdienen und mindestens einen Monat lang Fersenschmerzen ertragen, bis der Stiefel endlich weich gelaufen war.

Natürlich hatten wir alle keine Ahnung, dass ausgerechnet ein deutscher Mediziner diese coolen Stiefel erfunden hatte. Dr. Klaus Märtens, ein Münchner Armeearzt im Zweiten Weltkrieg. Er verletzte sich beim Skilaufen in den Alpen den Knöchel und konnte in den herkömmlichen Militärboots nicht mehr laufen. Not machte erfinderisch, und er kreierte daraufhin eine Sohle aus Reifengummi mit eingepumpter Luft, die den Fuß beim

Gehen unterstützte. Nach dem Krieg 1947 brachte er seine Erfindung auf den Markt. Ausgerechnet deutsche Hausfrauen mittleren Alters waren im ersten Jahrzehnt seine größten Fans. Das änderte sich schlagartig, als die Boots nach England auswanderten. Märtens verkaufte das Patent an den britischen Schuhhersteller R. Griggs. Dieser tauschte umgehend den Umlaut aus, führte die typisch gelbe Naht und die ikonischen acht Schnürsenkellöcher ein und launchte 1960 das erste britische Modell »Dr. Martens – the 1460« in Ochsenblut-Rot. Die Gummisohle ließ man als »Air-Wair« patentieren. Aufgrund ihrer Unverwüstlichkeit wurden die Stiefel bei Polizisten, Postboten und der britischen Arbeiterklasse schnell populär. Ab den späten Sechzigern erfreuten sie sich auch unter Hooligans und Skinheads zweifelhafter Beliebtheit. »Die Regel war, dass man sie einweihen musste, indem man auf jemanden damit eintritt«, erzählte der Fotograf Gavin Watson 2010 dem *Guardian*, »egal auf wen, und wenn am Ende Blut am Schuh klebte, umso besser.« Mit der integrierten Stahlkappe wurde der Schuh zur gefährlichen Waffe. Deshalb wurde den britischen Fußballfans irgendwann verboten, sie im Stadion zu tragen.

In den frühen Siebzigern wurden »Docs« dann zum Schuh Nummer eins in der Mod- und Punk-Szene. Sowohl The Clash als auch The Who und die Sex Pistols trugen die Schuhe mit fast religiöser Inbrunst. Man wollte sich auf diese Weise mit der Arbeiterklasse identifizieren. Da viele gegensätzliche und unterschiedliche Geisteshaltungen und Subkulturen um den gleichen Boot buhlten, fing man an, sich anhand der Schnürlöcher und der Farben der Senkel voneinander abzuheben. Skinheads zum Beispiel wählten Weiß als Symbol für die Überlegenheit der weißen Rasse. Rot war für Neonazis, stand verwirrenderweise aber auch für Linke und Sozialisten. Blau zeigte angeblich an, dass man einen Polizisten auf dem Gewissen hatte. Gelb signalisierte, dass man sich gegen Rassismus engagierte. Schwarz-Weiß identifizierte den Träger als Ska-Fan. All diese komplizierten Schnürsenkelcodes zu kennen und entschlüsseln zu können ist mancherorts noch immer enorm wichtig. Fakt ist, dass eine falsch gewählte Farbe einen noch heute in Schwierigkeiten bringen kann.

Am 3. November 1992 schafften es die Docs dann erstmals auf den Laufsteg. Der Designer Marc Jacobs zeigte in New York seine mittlerweile berühmte »Grunge«-Kollektion für Perry Ellis und traf damit den Nerv des damaligen Zeitgeistes. Supermodels wie Christy Turlington, Kristen McMenamy und Kate Moss trugen Flanellhemden, Blumenkleider, Karomuster, Pastellstrickteile und T-Shirts im Layer-Look, an den Füßen ungeschnürte Doc Martens. Backstage filmte die New Yorker Rockband Sonic Youth das Musikvideo *Sugar Kane* mit It-Girl Chloë Sevigny. Die Modebibel *Women's Wear Daily* betitelte Jacobs daraufhin als »Guru des Grunges«, und er bekam 1993 einen Preis vom *Council of Fashion Designers of America* verliehen. Als Tribut schickte der amerikanische Designer Kurt Cobain und Courtney Love ein paar Samples. Diese wurden umgehend verbrannt, erinnert sich die Witwe des verstorbenen »Nirvana«-Sängers. »Schlimm, aber wir waren damals echte Punks, auf so was standen wir gar nicht«, erzählt sie heute. Ironischerweise feuerte Perry Ellis den Designer kurze Zeit später, und die Kollektion wurde nie produziert.

Ein paar Jahre nach diesem modischen Höhepunkt gingen die Verkaufszahlen kurzfristig so drastisch zurück, dass Dr. Martens die Produktion in England temporär einstellte und sogar fast Konkurs anmelden musste. Dank eines wiederholten Comebacks nahm die Originalfabrik 2007 die Produktion wieder auf. Es dauerte nicht lange, und zahlreiche Designer kopierten den Look und kreierten in den letzten Jahren ihre eigenen Luxusversionen. Über zwanzig Jahre nach Marc Jacobs' Runway-Debüt sind die robusten Stiefel bei den Designern wieder ein großer Trend. Sowohl Chanel, Céline, Calvin Klein als auch Armani haben einen Schnürboot à la Märtens in der aktuellen Kollektion. Gerade mal ein Jahr alt, machte North West – die Tochter von Socialite Kim Kardashian und Hip-Hop-Mogul Kanye West – kürzlich in schwarzen Dr. Martens ein Fashion-Statement. Hoffentlich ohne Stahlkappe. Manche Kinder müssen bei ihren Eltern – jedenfalls im Hinblick auf die eigenen Schuhe – keine modische Überzeugungsarbeit leisten.

Adidas

Der Legende nach lief Adolf (Adi) Dassler durch die mittelfränkischen Wälder Herzogenaurachs, als ihm die Idee kam, Sportschuhe zu entwerfen. Das war 1920. Der Sportfanatiker interessierte sich schon damals für jegliche Form von Bewegung: Leichtathletik, Fußball, Boxen und Eislaufen. Also zog er nach dem Ersten Weltkrieg in den winzigen, zwanzig Quadratmeter großen Waschraum seiner Mutter, fing begeistert an zu experimentieren und bastelte sich aus allen möglichen Materialien Sportschuhe zusammen. Kein Strom, keine Maschinen. Jede Naht von Hand. Drei Jahre später gründet er mit seinem Bruder Rudolf (Rudi) 1924 die »Gebrüder Dassler Schuhfabrik«. Die beiden schienen sich anfangs perfekt zu ergänzen: Adi, der leidenschaftliche Tüftler, und Rudi, der geborene Verkäufer. 1925 ließen sie ein Paar Sprintschuhe patentieren, die schon drei Jahre später in Amsterdam Olympia-Premiere feierten. Für die Olympischen Sommerspiele 1936 fuhr Adi mit dem Auto von Bayern nach Berlin und überredete den damals berühmten US-Sprinter und Weitspringer Jesse Owens, in den Schuhen der Brüder zu laufen. Owens gewann darin vier Goldmedaillen, mehr als jeder andere Sportler. Ein internationaler Coup für das Dassler-Duo, auch wenn Adolf Hitler davon gar nicht begeistert war. Die beiden wurden umgehend von Athleten aus der ganzen Welt kontaktiert und verkauften daraufhin etwa 200 000 Paar Schuhe pro Jahr. Der Zweite Weltkrieg überschattete die Beziehung und Partnerschaft der Brüder dramatisch, und mit seinem Ende endete auch der legendäre Endlosstreit zwischen Brüdern und Ehefrauen mit der beruflichen Trennung. Die genauen Gründe wurden irgendwo in den Wirren der Nazizeit begraben, in der beide mehr oder weniger überzeugt in die Nationalsozialistische Deutsche Arbeiterpartei eintraten und in der am Ende der Verdacht im Raum stand, dass Adi seinen Bruder bei den Alliierten angeschwärzt haben könnte. Rudi zog auf die andere Seite des Flusses Aurach und gründete »Ruda« (eine Verkürzung seines Namens), später »Puma«. Adi Dassler registrierte am 16. Juni 1948 die Sportschuh-Firma »addas« (ebenfalls eine Verkürzung seines Namens). Da es aber schon ein Unternehmen mit ähnlichem Namen gab, fügte er das »i« hinzu, und am 18. August 1949 wurde dann offiziell die Firma »Adidas« ins Leben gerufen. Aus den Brüdern wurden erbitterte Konkurrenten, lebenslange Sportsfeinde, immer im Wettstreit um neue Technologien und Spitzenathleten. Ein Familienkrieg, der sich sogar auf die nächste Generation übertragen sollte. Aber trotz ihrer sehr unterschiedlichen Persönlichkeiten waren beide von Anfang an mit einem unglaublichen Geschäftssinn gesegnet und erkannten früh, dass gutes Marketing ein Erfolgsgarant ist.

So kam Adi Dassler auf die Idee mit den Streifen und testete, welche Anzahl bei Athleten in Aktion am besten sichtbar war. Er ließ anfangs vier und sogar sechs weiße Streifen patentieren.

Germany's Top Models

Entschied sich dann aber für die drei Streifen, mittlerweile eines der bekanntesten Markenzeichen der Welt. 1949 druckte er schon den ersten Katalog mit Schuhen für Eishockeyspieler, Handballer, Radrennfahrer, Rollschuhfahrer und Tennisspieler. Dasslers Grundsatz: das Beste für den Sportler. Von Anfang an arbeitete er eng mit Profi-Athleten zusammen und tauschte sich intensiv mit ihnen aus. Das ständige Streben danach, Möglichkeiten zu eruieren, um die Leistung der Sportler zu optimieren, war laut Selbsteinschätzung Dasslers Erfolgsrezept. Deshalb waren Athleten aller Art und Nationalitäten bei ihm und seiner Frau Käthe stets willkommen. Manche kamen aus der ganzen Welt angereist, um mit ihm über ihre Herausforderungen und Probleme zu sprechen und sich in Dasslers Küche von dem legendären Charme und Pflaumenkuchen der »Chefin« verwöhnen zu lassen. Zum Beispiel die deutschen Fußballlegenden Franz Beckenbauer und Gerd Müller.

Der große Durchbruch gelang Adi dann am 4. Juli 1954 mit nichts Geringerem als einem Wunder. Dem legendären Wunder von Bern, das sich in der Schweiz während des Finales der Fußballweltmeisterschaft zwischen Deutschland und Ungarn zutrug. Es goss in Strömen, und das deutsche Team galt damals nach einhelliger Einschätzung als absoluter Außenseiter. Den Deutschen konnte tatsächlich nur noch ein Wunder helfen. Dieses tauchte in Gestalt von Adi Dassler auf. Für seinen Freund, den Bundestrainer Sepp Herberger, der sich mit Rudi kurz vorher zerstritten haben soll, entwickelte er einen neuen Fußballschuh, leichter und aus weicherem Material. Vor Ort tauschte er die Stollen durch längere und dünnere aus. Und während die Ungarn sich über den schlammigen Platz quälten, konnten die deutschen Spieler deutlich flinker über das matschige Feld sprinten. So gelang Nationalspieler Helmut Rahn in der 84. Minute der entscheidende

Treffer zum 3 : 2, er schoss Deutschland zum ersten WM-Titel und beendete damit auch die Serie von 32 Ungarn-Siegen in Folge. Neun Jahre nach Kriegsende riss der Freudentaumel über den WM-Sieg die Deutschen aus der düsteren Depression der Nachkriegszeit. Das Wirtschaftswunder konnte beginnen.

Bis dato trugen die Athleten eine bestimmte Marke, weil sie davon überzeugt waren. Nicht weil sie dafür bezahlt wurden. Das änderte sich schlagartig, als Rudolf Dassler dem deutschen Läufer Armin Hary 1960 Geld anbot, damit er im Finale in Pumas sprintete und nicht wie zuvor in Adidas. Er nahm das Geld und gewann mit Puma Gold. Für Adi Dassler ein Hochverrat. Auch im Wettstreit um den damaligen brasilianischen Fußballgott Pelé siegte Puma, obwohl die beiden Familienunternehmen kurz zuvor einen Waffenstillstand vereinbart hatten. Der »Pelé-Pakt« sollte verhindern, dass sie sich mit ihren Angeboten beide in den Ruin trieben. Rudi konnte jedoch nicht widerstehen und zahlte Pelé 120 000 Dollar, und der brasilianische Fußballheld gewann in Pumas 1970 mit seinem Team die Weltmeisterschaft.

Sowohl Adidas als auch Puma mussten in den Achtzigern um ihre Vormachtstellung bangen und sich letztlich von ihr verabschieden. Mit Schuld daran war die Familienfehde, die sich auch innerhalb der nächsten Generationen der Adidas-Dasslers und Puma-Dasslers ausgebreitet hatte. Beide Firmen verschliefen wichtige Sporttrends wie Joggen und Aerobic. Und sie waren durch die hohen Produktionskosten in Europa nicht mehr wettbewerbsfähig. Der neue amerikanische Erzrivale Nike ließ längst billig in Asien produzieren. Adidas fand dann aber Mitte der Achtziger überraschend einen ungeahnten Verbündeten. Nicht wie gewohnt einen Super-Athleten, sondern die New Yorker Hip-Hop-Band Run DMD (siehe Sneaker-Kapitel). Die sorgte dafür, dass Adidas in einem Jahr 382 000 Paare des »Superstars«

verkaufte und an einem Wochenende in dieser Zeit sogar 22 Millionen Dollar umsetzte. Bis heute eine der legendärsten Kollaborationen und der Beginn einer neuen Ära.

Und auch wenn Nike als weltgrößter Sportausrüster immer noch an der Spitze steht, hat Adidas mittlerweile wieder aufgeholt. Und im Sommer 2014 wiederholte sich dann sogar das deutsche Fußballmärchen. Sowohl für die Nationalmannschaft als auch für Adidas. Das Team von Trainer Joachim Löw gewann in Brasilien im Endspiel gegen Argentinien den Pokal. Natürlich in Adidas-Trikots. Der Sieg untermauerte Adidas' Position als weltweit führende Fußballmarke. Den Dasslers kann das auf beiden Seiten der Familie allerdings mittlerweile völlig egal sein: Beide Unternehmen aus Herzogenaurach sind längst nicht mehr in Familienhand.

Schuhe, die die Welt bewegen

Das kleine Lexikon der Archetypen und ihre Entstehungsgeschichte

Ballerinas

Ohne den Zweiten Weltkrieg wäre einer der größten Schuhtrends vielleicht nie oder erst sehr viel später auf die Welt gekommen: Ballerinas. Die US-Designerin Claire McCardell war damals gelangweilt von den Restriktionen und der Materialknappheit des Krieges und suchte nach neuen Designmöglichkeiten. Als sie hörte, dass Ballettslipper nicht von den Rationalisierungen betroffen waren, zeigte sie ihre Kollektion 1941 einfach mit den Ballettschläppchen des New Yorker Tanzschuhmachers Capezio. Innerhalb kürzester Zeit war der Schuh nicht mehr nur auf der Bühne, sondern auf den Straßen New Yorks zu sehen. 1949 sogar auf dem Cover der US-Modebibel *Vogue*. Etwa zur gleichen Zeit eröffnete die Französin Rose Repetto auf der anderen Seite des Atlantiks eine winzige Werkstatt in Paris. Anfangs, um für ihren tanzenden Sohn und die Ballettszene bequeme Schuhe zu entwerfen. Ein paar Jahre später bat die junge französische Schauspielerin Brigitte Bardot – selbst eine ehemalige Ballerina – Repetto um eine alltagstaugliche Spezialanfertigung für ihren neuen Film ... *und immer lockt das Weib* mit dem Deutschen Curd Jürgens. Repetto kreierte für Bardot die roten »Cendrillons« (von Englisch: Cinderella). Das erotische Drama war 1956 ein Mega-Erfolg und beförderte sowohl Bardot als auch die Ballettschläppchen ins Rampenlicht. Die Französin bewies darin, dass ein flacher Tanzschuh genauso sexy aussehen kann wie ein High Heel. Kurz danach ließ Repetto den Cendrillon in Serie produzieren. Der bis heute wohl berühmteste Ballerina-Fan aller Zeiten war und bleibt Audrey Hepburn. Ebenfalls eine ehemalige Ballerina, die ihre Karriere als Tänzerin am Rambert-Ballett in London begann, bevor sie als Schauspielerin in *Roman Holiday* schlagartig berühmt und zur Fashion-Legende wurde. Junge Mädchen auf der ganzen Welt himmelten den Hollywoodstar und seinen Look an und trugen plötzlich zusammengeknotete Männerhemden, enge Caprihosen und an den Füßen natürlich Ballerinas. Hepburn bevorzugte die Schläppchen des italienischen Schuhvirtuosen Salvatore Ferragamo. Flach, aber sexy, und vorne gerade so weit geschnitten, dass sie die Zehen bedeckten und einen provokativen »Ausschnitt« zur Schau stellten – bis heute ein Klassiker in der Ferragamo-Kollektion.

Chelsea Boots

Die knöchelhohen Stiefel mit beidseitig elastischem Gummibandeinsatz sind aristokratischer Herkunft. Der Schuhmacher J. S. Hall kreierte sie in den 1830ern in London für Königin Victoria. Die liebte die Boots angeblich so sehr, dass sie sie jeden Tag trug. Das Modell zum bequemen Reinschlüpfen wurde nicht nur im britischen Königshaus, sondern auch beim Volk umgehend populär. Sowohl Männer als auch Frauen nutzten sie insbesondere zum Laufen und Reiten. Die luftige Stiefelvariante eignete sich auch hervorragend für die britischen Soldaten, die zu Kolonialzeiten im schweißtreibenden Indien stationiert waren. Dort im Einsatz nannte man die Stiefeletten damals noch Jodhpur Boots, nach der zweitgrößten Stadt im indischen Staat Rajasthan.

Zu weltweitem Ruhm gelangten die Stiefel in den Sechzigern an den Füßen der Rolling Stones. Sie wurden neben den auf Figur geschnittenen Anzügen zum wichtigsten Style-Element der Mod-Szene, und irgendwann trug ganz »Swinging London« Chelsea Boots. Vor allem in der Musikszene, die sich im hippen Viertel um die King's Road im Stadtteil Chelsea tummelte. Daher auch der heutige Name.

Desert Boots

Die entscheidende Eingebung für die Kreation des heutigen Klassikers fand der britische Soldat Nathan Clark während des Zweiten Weltkrieges in Burma an den Füßen seiner Offiziere. Die trugen in ihrer Freizeit sandfarbene, weiche Wildlederstiefel, die sie auf dem Khan-el-Khalili-Bazar in Kairo herstellen ließen. Clark recherchierte und fand heraus, dass diese bei dem Schuster ursprünglich von Soldaten aus Südafrika in Auftrag gegeben worden waren, weil deren Militärstiefel in der Wüste gnadenlos versandeten. Die Lösung war ein leichter Wildleder-Boot mit Kreppsohle: der Desert Boot!

Clarks Familie besaß die Schuhmanufaktur CJ Clark in Somerset, England – also schickte der junge Soldat sofort begeistert ein paar Skizzen nach Hause. Seine Familie hielt die Stiefel jedoch für zu ordinär und nicht elegant genug. Sie ließen sich von seinem Enthusiasmus nicht anstecken und weigerten sich, die Boots zu produzieren. Sohn Nathan ließ sich aber nicht von den Wüstenstiefeln abbringen und stellte sie nach seiner Rückkehr 1949 im Alleingang auf einer Schuhmesse in Chicago vor. Die Boots waren umgehend ein Hit, wurden von den Beatniks in Amerika, den Mods in England und den Kunststudenten in Paris getragen.

Espadrilles

Auch wenn der Stoffschuh mit Jutesohle automatisch Sommer- und Urlaubsgefühle auslöst, wurde er zunächst Hunderte von Jahren in den spanischen Pyrenäen von Bauern, Priestern und Soldaten zur Arbeit getragen. Von Hand hergestellt, mit geflochtener Sohle, erstmals vor etwa 4000 Jahren und immer noch wie zu Zeiten König Aragons, dessen Infanterie damit im 13. Jahrhundert ins Gefecht zog. Auch die Soldaten im Spanischen Bürgerkrieg (1936–1939) kämpften darin an der Front. Traditionell wurden sie alltags in Schwarz und sonntags in Weiß getragen. Später flanierte der katalanische Surrealist Salvador Dalí darin durch die Straßen und Bars von Paris, und der ehemalige US-Präsident John F. Kennedy machte in Espadrilles Urlaub auf Cape Cod. Hollywood verleibte sich den mediterranen Schuh ein, nachdem Rita Hayworth 1947 in dem Film Noir *The Lady from Shanghai* als ultimative Femme Fatale ein Paar mit Schnüren ums Fußgelenk spektakulär mit einem Badeanzug kombinierte. Plötzlich trug sie jeder, von Grace Kelly bis Sophia Loren. In den Mode-Olymp gelangten sie, als der französische Modeschöpfer Yves Saint Laurent dem Stoffschuh zusammen mit dem spanischen Traditionshaus Castañer in den späten Sechzigern erstmals einen Keilabsatz

Schuhe, die die Welt bewegen

verpasste. Etliche weitere Designer-Luxusmodelle folgten. Selbst High-Heel-Guru Christian Louboutin veredelte die Juteschuhe bescheidener Herkunft mit seiner roten Luxussohle.

Flip-Flops

Der ultimative Strandschuh und Symbol für den Sommer. Die Zehensandale aus Gummi ist ein direkter Nachfahre der japanischen »Zori«, einer schlichten Sandale mit Reisstrohsohle, die traditionell mit Kimonos kombiniert wird. Soldaten aus Neuseeland und Amerika kehrten aus dem Zweiten Weltkrieg mit Zoris als Inspiration für den Flip-Flop zurück. Von den Neuseeländern »Jandals« genannt (kurz für japanische Sandalen), von den Südafrikanern »Slops«, hat sich in Amerika und Europa der Begriff Flip-Flop durchgesetzt. Basierend auf dem Geräusch, das die Sohle macht, wenn sie beim Gehen gegen den eigenen Fuß klatscht. Zehensandalen in diversen Ausführungen werden auf der ganzen Welt schon seit Tausenden von Jahren getragen. Das Urmodell aus Papyrus und Palmenblättern ist etwa 6000 Jahre alt und stammt aus dem alten Ägypten. Der Star unter den modernen Gummi-Flip-Flops ist der Havaiana (portugiesisch für Hawaiisch), produziert seit den frühen Sechzigern von der Firma Alpargatas in Brasilien, wo es für die Herstellung ausreichend Gummi gibt. Der Dalai Lama, das spirituelle Oberhaupt der tibetanischen Buddhisten, ist ein großer Fan und trägt die lässigen Flip-Flops auch gerne zu offiziellen Staatsbesuchen. Sowohl George W. Bush als auch Barack Obama begrüßte er schon in den Gummisandalen. Und auch Obama wurde in den legeren Strandschlappen schon abgelichtet. Allerdings ganz stilsicher in der politisch korrekten Kulisse: während seines Urlaubes auf Hawaii.

Frye Boots

Der ultimative Traditionsstiefel Amerikas. Er wurde im Bürgerkrieg von den Soldaten sowohl der Nord- als auch der Südstaa-
ten getragen, und von den Pionieren des Wilden Westens. Auch
das US-Militär stiefelte darin durch den Zweiten Weltkrieg. Erstmals hergestellt 1863, werden die Boots noch heute aufwendig
und unter höchsten Qualitätsansprüchen angefertigt. Die Firma
verkündet stolz, dass 190 Schritte für die Produktion jedes einzelnen Stiefels notwendig sind. Das Original des zeitlosen Klassikers
wurde 1960 noch mal neu aufgelegt. Gegründet wurde Frye von
dem englischen Immigranten John A. Frye und ist heute eine der
ältesten Schuhmanufakturen Amerikas.

Gummistiefel

Wie so vieles haben wir den Gummistiefel einem Zufall zu verdanken. Der Amerikaner Charles Goodyear experimentierte
Mitte des 19. Jahrhunderts mit Naturkautschuk und revolutionierte damit ganz nebenbei die Welt. Er entdeckte, dass man
Kautschuk, mit Schwefel und Ruß vermischt, durch Erhitzen vul-
kanisiert und so ein dauerhaft elastisches Material herstellt, das
nicht bricht und auch noch wasserfest ist. Der gebürtige Brite und
amerikanische Industrielle Hiram Hutchinson sicherte sich umgehend das Patent für die Schuhherstellung, zog nach Frankreich,
gründete 1853 À l'Aigle und stellte erstmals wasserfeste Gummistiefel nach dem Modell der Wellingtons her. Wellingtons waren
das aristokratische Vorbild der elastisch-wasserfesten Boots. Ein
fast kniehoher Ledestiefel mit flachem Absatz, den Arthur Wel-
lesley, der 1. Herzog von Wellington, bei seinem Schuhmacher in

London in Auftrag gab. Deshalb nennen die Briten ihre Gummistiefel noch heute Wellingtons.

Die Aigle-Gummistiefel wurden von der französischen Land-
bevölkerung, damals 95 Prozent, dankbar angenommen. Bis dato
in Holz-Clogs auf dem Feld unterwegs, konnten die Bauern das
erste Mal abends mit trockenen und sauberen Füßen heimkehren.

Etwa zur gleichen Zeit konzentrierten sich die amerikanischen
Entrepreneure Henry Lee Norris und Spencer Thomas Parmelee
ebenfalls auf die Herstellung von Gummistiefeln und gründeten
1857 die North British Rubber Company (später umbenannt zu
Hunter Boot Ltd.) in Edinburgh, Schottland. Ihre Stiefel kamen
sowohl im Ersten als auch im Zweiten Weltkrieg in der britischen
Armee zum Einsatz und trugen angeblich sogar zum Sieg bei.
Um den enormen Bedarf zu decken, produzierten Hunters Fabriken in Schottland Tag und Nacht. Im Winter 1955 präsentierte
das Unternehmen dann den grünen Klassiker »Hunter«, der sich
wie sein Vorfahre, der Wellington, in der englischen Oberschicht
als Grundausrüstung für das schicke Landleben bis heute großer
Beliebtheit erfreut. Hunter beliefert noch immer das britische
Königshaus.

Klotschen

Die genaue Herkunft ist unbekannt, fest steht nur: Die Geschichte des Holzschuhs ist uralt und in Europa stark verankert.
Hölzerne Sohlen sind aber auf fast allen Kontinenten getragen
worden, sie sind Teil der indischen Hindu-Mythologie und der
traditionellen Kleidung Japans und Indonesiens. Schon die Kel-
ten und Germanen in Europa, so vermutet man, trugen hölzer-
nes Schuhwerk. Holland ist eines der Ursprungsländer, das den

Holzschuh sogar nach Korea brachte. Vor dessen Küste kenterte 1651 ein niederländisches Handelsschiff und die überlebenden Seefahrer saßen fest und fingen an, den Koreanern ihre Holzschuhe zu verkaufen. Die wurden dort als »Namaksin« schnell zum Traditionsschuhwerk.

Die ältesten noch existierenden Holzschuhe stammen aus den Niederlanden, sind aus dem 13. Jahrhundert und den heutigen Modellen sehr ähnlich. In Holland sind sie noch immer ein beliebtes Souvenir. In Deutschland waren sie hauptsächlich im Norden verbreitet, wo sich die »Holzschuhmacherei« als Handwerk etablierte. Die älteste bekannte Abbildung stammt aus dem 15. Jahrhundert. Der Holzschuh wurde hauptsächlich als Arbeitsschuh getragen, aber auch zum Tanzen. Er gilt daher als Ursprungsschuh des Stepptanzens. Nach dem Krieg waren Clogs in Deutschland sehr gefragt, weil sie so unglaublich günstig waren. Danach verschwanden sie fast völlig von der Bildfläche, bis sie in den Siebzigern von den Hippies wiederentdeckt wurden. Seitdem schwingt die Holzsohle im »In and Out«-Barometer der Modelwelt hin und her. Mal nur als ärztlicher Gesundheitsschuh oder an Küchenchefs geduldet, dann von Karl Lagerfeld auf den Chanel-Laufsteg gehievt. Bei den meisten Männern scheinen die klobigen Sohlen allerdings recht schlecht abzuschneiden, gerade an den Füßen einer Frau, wie eine Studie des *Glamour*-Magazins herausfand. Auch der französische High-Heel-Guru Christian Louboutin scheint sich von diesem Trend nicht verführen zu lassen. »Ich hasse das ganze Konzept«, erzählte er dem Magazin *New Yorker*, »Clogs sind hässlich und noch nicht mal bequem!«

Mokassins

Eine der ältesten Schuhkonstruktionen der Menschheit. Mokassins – quasi eine Tasche für die Füße – sind eine Erfindung der Indianer Nordamerikas. Hergestellt wurde der Rehlederschuh traditionell von Frauen. Oft auf Vorrat, da er nicht lange hielt. Zu festlichen Anlässen wurden die Mokassins mit Stickereien und Perlen geschmückt. Jäger, Siedler und Händler übernahmen die indianische Schuhmode und importierten sie im 18. Jahrhundert erstmals nach Europa. Dort trug man sie, auch wenn sie dazu konzipiert waren, die Wildnis zu erkunden, anfangs nur als Hausschuhe. Das italienische Traditionslabel Tod's veredelte den Mokassin in den Siebzigern mit seiner Luxusvariante zum Statussymbol der betuchten Oberschicht. Auch der »Gommino«, benannt nach den 133 rutschfesten Gumminoppen unter der Sohle, ist mittlerweile ein Klassiker. Gefertigt in über hundert Fertigungsschritten aus nur zwei Stücken Leder.

Oxfords

Schotten und Iren trugen diesen mittlerweile populären Schnürlederschuh als Erste. Gedacht waren Oxfords als orthopädische Gesundheitsschuhe, die wie ein Korsett verhindern sollten, dass sich der Fuß zu sehr ausdehnte. Benannt ist der Halbschuh nach der Oxford University, weil er dort um 1800 besonders beliebt war. Je nach Schafthöhe und -schnitt, Schnürung und Verzierung gibt es unendlich viele Unterkategorisierungen innerhalb der Oxford-Familie. Das amerikanische Sportunternehmen Spalding launchte um 1908 den »Saddle« mit dem farbig abgehobenen und verzierten Lederstück, das wie ein Sattel im mittleren

Bereich des Schuhs liegt, ursprünglich als Tennisschuh. Aber weder Tennisspieler noch Läufer waren für den Schuh zu begeistern. Golfspieler entdeckten ihn dann jedoch kurze Zeit später für sich, und die amerikanische Golflegende Gene Sarazen schlug sich darin in den Zwanzigern und Dreißigern an die Spitze. Als der Jitterbug-Swing-Tanz in den Dreißigern und Vierzigern dann eine ganze Generation Jugendlicher mitriss, wurden die Oxfords zum ersten Unisex-Schuh. Der wilde Tanzstil setzte auch für Frauen flache Sohlen voraus, und die ursprünglich für Männer konzipierten Oxfords eigneten sich dazu hervorragend. Zweifarbige Oxfords (meistens schwarz-weiß), genannt »Spectator«, wurden ursprünglich zum Kricket getragen, dann von der mondänen Oberschicht à la »Great Gatsby« als lässiger Freizeitschuh übernommen. Der erfolgreiche US-Entertainer Fred Astaire tanzte sich darin in die Herzen seiner Fans.

UGG

Es ist keine Überraschung, dass der Name auf dem Wort »ugly«, sprich hässlich, basiert. Die unglamourösen Schafsfellstiefel, die aussehen, als wären sie schon von Höhlenmenschen getragen worden, stammen ursprünglich aus dem australischen Hinterland. Dort wurden sie schon vor etwa 200 Jahren von Hand gefertigt. In den Sechzigern wurden die Stiefel dann ausgerechnet von Surfern rund um Perth verwandt und avancierten so zum Symbol der australischen Surfkultur. Denn: Schafswolle isoliert und hält kalte Füße warm und warme Füße kalt. Das perfekte Accessoire für Wassersportler. 1978 zog der australische Surfer Brian Smith dann nach Südkalifornien, im Gepäck seine Schafsfell-Boots. Er brachte sie mit an den Strand und versuchte sie unter dem Namen UGG zu vermarkten. Es dauerte fast zwei Jahrzehnte, bis der Fellstiefel über die Grenzen der Surfer-Community hinausschwappte. Mithilfe einer New Yorker PR-Agentur und einer gezielten Promi-Strategie wurden UGGs um 2000 in Hollywood plötzlich zum Must-Have. Die US-Medien-Queen Oprah Winfrey war einer der ersten amerikanischen Fans und verteilte die Boots großzügig an ihr treues Publikum. Stars wie Katie Holmes, Sarah Jessica Parker, Gwyneth Paltrow und Kate Hudson folgten. Selbst Grace Coddington, *US-Vogue*-Redakteurin und in Amerika eine Institution in Geschmacksfragen, konzedierte: Eine ziemlich gute Erfindung.

Westernstiefel

Trotz Absatz und reichlicher Verzierung noch immer einer der männlichsten Macho-Schuhe überhaupt. Kein Wunder, wurden Westernstiefel traditionell von den hartgesottenen Cowboys im mittleren Westen getragen, die im späten 19. Jahrhundert Rinderherden von Texas ins von Rinderfarmen übersäte Kansas treiben mussten. Gefährliche Knochenarbeit im Sattel, die durch die Cowboystiefel erleichtert wurde.

Die profillose Sohle und verjüngte Stiefelspitze eignen sich ideal, um flink in den Steigbügel rein- und wieder raus zu schlüpfen, während der vier bis fünf Zentimeter hohe Absatz verhindert, dass man nach vorne durchrutscht. Was im Fall eines Abwurfes lebensgefährliche Folgen haben könnte. Außerdem lässt sich der Absatz perfekt in den Boden rammen, wenn man mit einem bockigen Pferd oder Kalb kämpfen muss.

Der erste Cowboy-Boot wurde angeblich 1875 in Kansas geschustert, von dem Sohn eines deutschen Immigranten aus Hannover. Ein Cowboy bat Charles H. Hyer um eine Spezialanfertigung zum Reiten und Laufen. Die daraus resultierenden Lederstiefel waren so überzeugend, dass Hyers maßgeschneiderte Boots im Wilden Westen plötzlich an allen Cowboy-Füßen zu sehen waren. Zur treuen Kundschaft der Hyer Boot Company zählten später amerikanische Prominente wie Clark Gable, Theodore Roosevelt und Richard Nixon.

Cowboy-Boots mit kunstvollen Stickereien, Strass und sonstigen Dekorationen trug man meist außerhalb der Arbeit, zum Ausgehen in den Saloon. Die Popularität von Westernfilmen und auf Show getrimmter Rodeospektakel führten zu immer aufwendigeren Designs und Verzierungen.

Märchen und Mythen

Schuhe und ihre magische Ausstrahlung

Auf die schönsten Schuhgeschichten stößt man weder in Büchern noch in Hollywoodfilmen. Sondern ganz unerwartet bei seinen eigenen Freundinnen. Bei fast allen Frauen löst das Schlagwort »Schuh« lawinenartig Erinnerungen aus. Zum Beispiel bei Natalie. Als kleines sechsjähriges Mädchen verliebte sie sich in ein knallrotes Paar Ballerinas. Den ganzen Sommer trug sie nichts anderes. Als sich dann so langsam die kalten Herbsttage breitmachten, versuchte ihre Mutter sie zu überzeugen, die Schläppchen durch Stiefel auszutauschen. Vergebens. Für Natalie kam nichts anderes infrage. Bis es eines frühen Wintertages dann schneite und ihre Mutter sich nicht mehr erweichen ließ. Aber sie versprach Natalie hoch und heilig, dass sie die Stiefel nur auf dem Weg zur Schule anziehen müsse und dass sie, dort angekommen, gleich wieder in ihre roten Ballerinas schlüpfen dürfe. Leider war das nicht möglich: Die Schuhe waren plötzlich verschwunden. Auf dem Weg zur Schule irgendwie verloren gegangen. Natalie brach das Herz, und ihrer Mutter rutschte es unter dem Gewicht des schlechten Gewissens in die Tiefe. Sie lief den ganzen Weg mehrmals auf und ab, aber die Schuhe waren wie vom Erdboden verschluckt. Natalies erste große Fashion-Krise. »Ich war außer mir«, erinnert sie sich. Eine Woche später, so gerade über den Verlust hinweggekommen, sah Natalie plötzlich auf dem Weg zur Schule etwas im Fenster des Schusters blitzen: Dort standen tatsächlich IHRE roten Ballerinas, frisch poliert und gewienert. Wie neu. Der ehrliche Finder hatte sie beim Schuhmacher abgegeben. Dieser hatte schon voller Vorfreude auf sie gewartet und strahlte mit Natalie um die Wette, als er die roten Ballerinas an die rechtmäßige Besitzerin übergeben durfte.

Nur eine winzig kleine Kindheitsanekdote, aber selbst dreißig Jahre später noch Grund zur Freude. Diesen Moment werde sie nie vergessen, beendet Natalie lachend ihre Geschichte. Kleine Märchen gibt es eben auch im wahren Leben. Meine Freundin Diana hat einem Paar Nikes sogar ihr derzeitiges Lebensszenario zu verdanken. »Meine Karriere und mein Sozialleben basieren auf dieser einen Begegnung«, erzählt sie. Und die fand vor über fünfzehn Jahren statt. Diana war gerade nach New York gezogen, mutterseelenallein. An den Füßen ein Paar Nikes. Die Schuhe lösten in einer Bar ein Gespräch mit einem Fremden aus, der zufällig genau das gleiche Modell trug. Aus der Bekanntschaft wurde eine Freundschaft, die ihr alle wichtigen Türen in ihrer neuen Wahlheimat New York öffnete. »Es ist verrückt, aber ihm verdanke ich meinen ersten wichtigen Job und die Bekanntschaft mit Menschen, mit denen ich noch immer befreundet bin. Er hat das Fundament für mein jetziges Leben gelegt.« Nike sei Dank.

Kein anderes Kleidungsstück besitzt solch märchenhafte Anziehungskraft, mystisches Transformationspotenzial und verspricht so verheißungsvolle Aussichten wie der Schuh. Und er muss perfekt passen, um zu passen. Das weiß niemand besser als die tugendhafte Cinderella, die mithilfe ihrer legendären Glasschuhe den Traumprinzen erobert und so für ihren Anstand und ihre Bescheidenheit belohnt wird. Ganz im Gegensatz zu den garstigen Stiefschwestern.

Ein altes europäisches Volksmärchen, das vor über 300 Jahren das erste Mal von dem damals berühmten französischen Geschichtenerzähler Charles Perrault niedergeschrieben wurde. Er ersann die Glücksfee, die Cinderella auf den Ball des Prinzen schickt. Den Kürbis, der sich in eine goldene Kutsche verwandelt. Die Mäuse, die in edle Apfelschimmel verzaubert werden. Und natürlich die Glasschuhe, die »Cendrillon« zu erkennen geben und ihr am Ende ein Leben an der Seite des Prinzen bescheren. Die deutschen Brüder Jacob und Wilhelm Grimm nahmen das mündlich überlieferte Märchen dann in ihre 1812 erscheinende Sammlung *Kinder- und Hausmärchen* auf. Sie veränderten die Fabel leicht, indem sie die Glücksfee durch einen Haselnussbaum auf dem Grab ihrer Mutter austauschten und durch eine magische weiße Taube, die ihre Wünsche erfüllte. Aus den Glasschuhen wurden goldene Pantoffel. Aus Cinderella wurde Aschenputtel. (Cender ist französisch für Asche, da sie in ihrer kalten Kammer oft neben dem Herd in der Asche schlafen musste.) Und ganz nach Art der Brüder Grimm wurde die Erzählung gegen Ende auch noch mit ein paar brutalen Details ausgeschmückt. Um in den goldenen Schuh zu passen, schneidet sich die eine Stiefschwester auf Drängen der Mutter den großen Zeh und die andere die Ferse ab. »Rucke di guck, rucke di guck, Blut ist im Schuck (Schuh)! Der Schuck ist zu klein, die rechte Braut sitzt noch daheim«, warnt die Taube den Prinzen. Und während Cinderella den Stiefschwestern bei Perrault am Ende vergibt und er die beiden sogar großzügig ebenfalls adelig heiraten lässt, haben die Brüder Grimm weniger Mitleid. Sie lassen den Stiefschwestern zu guter Letzt von den Tauben noch die Augen auspicken.

Cinderella ist der Archetyp aller weiblichen Sehnsüchte und Hoffnungen auf den Traumprinzen. Das erste Mal verfilmt wurde die Erzählung im Jahr 1899 in Frankreich. Disney veröffentlichte dann 1950 den Animationsfilm *Cinderella*, bis heute weltweit einer der bekanntesten Märchenklassiker.

Fast jede Kultur hat ihre eigene Cinderella und ihren eigenen magischen Schuh. In Ägypten ist es Rhodopis, eine griechische Sklavin, deren Schläppchen von einem Vogel gestohlen wird, das dem Pharao vor die Füße fällt. In Korea ein Bauernmädchen namens Pfirsichblüte, das seine Strohsandalen verliert, die ein wunderschöner Beamter findet. Am Ende heiraten sie alle ihren reichen Traummann und leben glücklich und zufrieden bis ans Ende ihrer Tage. Und wenn sie nicht gestorben sind, dann leben sie noch heute …

Einem Paar Musketierstiefeln ist es zu verdanken, dass *Der gestiefelte Kater* dem armen dritten Müllerssohn, der beim Erbe des Vaters leer ausging, zu Reichtum und Ansehen verhilft und ihn schließlich sogar zum König macht. Ein Märchen, das der Italiener Giovanni Francesco Straparola, einer der ersten Märchensammler überhaupt, im 16. Jahrhundert niederschrieb. Und sowohl der Franzose Charles Perrault als auch die Brüder Grimm nahmen die Geschichte in ihre Sammlungen auf.

Sogenannte »Siebenmeilenstiefel« tauchen in der deutschen Folklore und Literatur immer mal wieder als Motiv auf. Fantasiestiefel mit Zauberkraft, in denen man rasant weite Entfernungen zurücklegt, um seine Mission zu erfüllen. Selbst Johann Wolfgang von Goethe lässt den Teufel Mephistopheles im *Faust* damit durch die Gegend stiefeln, und auch Heinrich Heine, Wilhelm

Hauff und natürlich die Brüder Grimm erwähnten Siebenmeilenstiefel in ihren Werken. Der Ausdruck basiert auf Reitstiefeln der Postkutschen-Gespannführer. Sie wurden so genannt, weil die Stiefel etwa alle sieben Meilen den Boden berührten, wenn an den Stationen haltgemacht wurde.

Der dänische Schriftsteller Hans Christian Andersen gab Schuhen in seinem bekannten, 1849 verfassten Märchen *Die Roten Schuhe* eine weitaus düsterere Rolle. Statt zur großen Liebe führen die dämonischen Schuhe als moralische Richter ins Verderben und erteilen einem verzogenen, eitlen und hochnäsigen Mädchen eine grausame Lektion. Das verwaiste Bauernmädchen Karen ist wie besessen von einem Paar roter Schuhe.

Im 16. Jahrhundert war Rot eine der teuersten Farben, weil sie aus Mexiko importiert werden musste. Louis XIV. ging im 17. Jahrhundert sogar so weit, dass er nur Mitgliedern seines Hofes gestattete, rote Schuhe zu tragen. Allen anderen war es untersagt. Rot als Signalfarbe, verführerisch und gefährlich und damals die Farbe der Adeligen.

Nachdem Karen also eine echte Prinzessin in roten Schuhen erblickt hat, will sie dieser unbedingt nacheifern. Undankbar und ohne Rücksicht auf ihre großzügige und fast erblindete Adoptivmutter setzt Karen alles daran, ein Paar roter Schuhe zu besitzen und zu tragen. Und statt sich um die erkrankte Adoptivmutter zu kümmern, geht sie mit ihren neuen Schuhen tanzen. Zur Strafe wachsen sie an ihren Füßen fest und lassen sie unaufhörlich tanzen, tanzen, tanzen. So lange, bis Karen so erschöpft und verzweifelt ist, dass sie den Scharfrichter bittet, ihr die Schuhe samt Füßen abzuhacken. Mit Holzfüßen und Krücken, scheinbar geläutert, macht sie sich auf den Weg in die Kirche. Aber dort warten die roten tanzenden Schuhe schon am Eingang auf sie und terrorisieren das Mädchen weiter. Ganz am Ende nimmt Karen bescheiden einen Job als Dienstmädchen an – die wahre Buße. Daraufhin stirbt sie und landet schließlich im Himmel.

Auch die Brüder Grimm nutzen Schuhe als Foltermittel und Bestrafung für die teuflische Hochmut der bösen und eitlen Stiefmutter von Schneewittchen. Das bekannte Märchen – von dem es unzählige mündliche Überlieferungen und Varianten aus ganz Europa gibt – endet mit Schneewittchens Hochzeit, zu der auch die Stiefmutter geladen ist. Die Königin wird gezwungen, in ein Paar eiserner, über Kohlefeuer erhitzter Pantoffeln zu treten, und muss in den rot glühenden Schuhen so lange tanzen, bis sie tot zu Boden fällt. Die Rache für den versuchten Mord an Schneewittchen.

Die Moral von der Geschichte ist immer die gleiche. Es wird bestraft, wer nicht schätzt, was er hat, und stattdessen ohne Rücksicht auf Verluste nach Höherem strebt. Magische Schuhe können daher Fluch oder Segen sein. Je nachdem, wer sie trägt.

Die wohl wertvollsten Märchenschuhe aller Zeiten existieren noch heute. Sie wurden Ende der Dreißigerjahre für einen Hollywoodfilm kreiert. Der damals extravagante Kostümdesigner Adrian entwarf für das legendäre amerikanische Musical *The Wonderful Wizard of Oz* das nicht weniger legendäre Paar roter, glitzernder Absatzschuhe. Mit diesen tauchte Judy Garland, geborene Frances Ethel Gumm, 1939 in ihre Fantasiewelt Munchkindland ab. Ein konventioneller Pump mit einem relativ flachen und geschwungenen Absatz aus rot gefärbter Seide, übersät mit etwa 2300 Pailletten pro Schuh. Adrian experimentierte lange hin und her und fügte die mit Perlen und Strass verzierten Schleifchen nach einer kreativen Eingebung erst kurz vor Drehbeginn hinzu.

Unter Vertrag bei Metro-Goldwyn-Mayer wusste das Studio anfangs nicht so recht, was es mit Judy Garland aus Michigan anfangen sollte. Mit fünfzehn Jahren steckte sie irgendwo in der Grauzone zwischen unschuldigem Kinderstar und sexy Teenager. Sie konnte zwar singen und hatte auch das nötige Gespür für Komödien, aber für eine romantische Rolle schien sie nicht geeignet. Auch mit ihren Körpermaßen war MGM nicht sehr glücklich und setzte das arme Mädchen konstant auf Diät. Dann fiel MGM *The Wonderful Wizard of Oz* in die Hände. Ein Fantasie-Buch, geschrieben um 1900 von dem amerikanischen Kinderbuchautor L. Frank Baum. Die Heldin: Dorothy Gale, eine Tagträumerin, ein wenig naiv, aber irgendwie auch klug und weise. Die perfekte Rolle für Garland. MGM hatte sich allerdings Shirley Temple in den Kopf gesetzt, den schon damals berühmten zehnjährigen Kinderstar. Zum Glück für Garland war Temple nicht zu haben. So bekam sie ihre Chance und wurde in Amerika zu einer der berühmtesten Persönlichkeiten Hollywoods. An den Füßen die fast schon mythischen »Ruby Slipper« mit Zauberkräften, die Dorothy erst gegen Ende des Filmes entdeckt: Ihr sehnlichster und sehr bescheidener Wunsch ist, aus der grandiosen Fantasiewelt wieder nach Hause ins bodenständige Kansas zurückkehren zu dürfen. Dieser erfüllt sich unerwartet, als sie die Absätze drei Mal nacheinander aneinanderstößt.

In der Originalversion von Baum waren die Schuhe silbern, aber da das Filmstudio unbedingt die neuen Farbwunder der damals hochinnovativen Technicolor-Prozesse nutzen wollte, wurden sie kurzerhand rot gefärbt. Der erste Schuh, der in einem Film eine derart prominente Hauptrolle einnahm. Die »Ruby Slipper« sind in etlichen Szenen und Nahaufnahmen zu sehen. Wie viele einzelne Modelle für die Dreharbeiten exakt produziert wurden, bleibt ein Geheimnis. Jedenfalls gerieten sie in den

Vierzigern als wertlos in Vergessenheit, und erst 1970, also dreißig Jahre später, stieß der Kostümier Kent Warner beim Aufräumen im Keller von MGMs Requisite auf die legendären Schuhe. Fünf Paar haben ganz sicher überlebt. Ein Paar dieser raren und mittlerweile kostbaren Hollywood-Memorabilien wurde im Jahr 2000 auf einer Auktion für etwa 666 000 US-Dollar versteigert. Eins wurde 2005 gestohlen. Ein anderes Paar erstand die Academy of Motion Picture Arts and Sciences 2012 für ihr Museum, mit finanzieller Hilfe von Stars wie Leonardo DiCaprio. Der Preis wurde nicht verraten. Ein weiteres Paar landete als Teil der Permanent-Ausstellung »American Stories« im Smithsonian Museum in Washington. Hier werden sie täglich von so vielen Fans bewundert, dass der Teppich vor der Vitrine schon mehrmals ausgewechselt werden musste.

Die großen Meister

Fünf Designer, die die Schuhmode revolutionierten

Trends schleichen sich an, explodieren, verweilen, kommen, gehen und kehren wieder zurück. Absätze schießen in die Höhe, schrumpfen und verschwinden manchmal ganz. Die endlose Auswahl an unterschiedlichen Modellen in allen erdenklichen Farben, Materialien, Höhen, Längen und Ausführungen haben wir den großen Schuhvirtuosen des letzten Jahrhunderts zu verdanken. Dank der unerschöpflichen Visionen, endloser Schaffenslust und immer neuer Ideen dieser fünf Koryphäen – und noch vieler anderer – liegt uns heute eine bunte Schuhwelt zu Füßen. Ihr gemeinsames Ziel: Frauen zu beglücken.

Salvatore Ferragamo (1898–1960)

Ein Naturtalent, das die Schuhwelt mit seinen vielen innovativen Entwürfen und seinem endlosen Einfallsreichtum gleich mehrmals revolutionierte. Als einer der erfolgreichsten und talentiertesten Designer des 20. Jahrhunderts erhob Ferragamo den Arbeiterklasseberuf des Schusters Anfang des letzten Jahrhunderts zur hoch geschätzten Profession des damals noch nicht existierenden »Schuhdesigners«. Seine Biografie gleicht einem Schuhmärchen und steht beispielhaft für den »American Dream«: Geboren 1898 in dem winzigen süditalienischen Dorf Bonito, als elftes von vierzehn Ferragamo-Kindern. Seine Leidenschaft für Schuhe wurde schon früh entfacht. Die Familie wohnte direkt gegenüber vom Dorfschuster Luigi Festa, und Ferragamo beobachtete ihn als Kind stundenlang. Schon als Neunjähriger wünschte er sich nichts sehnlicher, als unter Festa das Handwerk zu erlernen, und nervte damit seine Eltern. Sein Vater war entsetzt, hatte er sich für seinen Sohn doch einen respektableren Beruf gewünscht. Doch als seine Schwestern dann eines Tages zur Kommunion dringend neue weiße Schuhe benötigten und die Mutter diese nirgends auftreiben konnte, bekam Salvatore seine Chance: Er lieh sich von Festa Leisten und Werkzeug und fertigte nachts heimlich vier Paar makelloser weißer Stoffschuhe an. Die Mutter platzte vor Stolz, und der Vater gab nach. Mit nur elf Jahren machte er sich auf den Weg nach Neapel, um dort beim besten Schuhmacher der Stadt das angeeignete Wissen zu vertiefen. Nur drei Jahre später eröffnete er seinen ersten eigenen Laden im Haus seiner Eltern in Bonito. Dort war er schnell so erfolgreich, dass er mithilfe von sechs Assistenten über zwanzig Paar Schuhe pro Woche fertigte. Sein Bruder Alfonso, der nach Amerika ausgewandert war, überredete ihn kurze Zeit später, ihm in das Land der unbegrenzten Möglichkeiten zu folgen. Dort angekommen, wartete auf den Sechzehnjährigen bereits ein Job in einer der neuen modernen Schuhfabriken. Die Massenfertigung war für den jungen Ferragamo, der sein Handwerk mit Leidenschaft ausübte, jedoch ein Horror. Er kündigte und zog kurz darauf an die Westküste. Sein dortiges Ziel: die Traumfabrik. 1914 eröffnete er einen kleinen Laden für Schuhreparaturen und Maßanfertigungen in Santa Barbara, wo damals die meisten Studios angesiedelt waren. Als die Filmbranche dann nach Hollywood zog, folgte er sofort. Ausgerechnet mit Cowboy Boots für die damals populären Westernfilme begann der Schuhvirtuose seine Hollywoodkarriere. Seine Römersandeln, Mokassins und Boots stiefelten durch epische Klassiker wie *Die Zehn Gebote* und etliche Western-Stummfilme. Ferragamos Ruf verbreitete sich wie ein Lauffeuer. Und schon bald trugen die Starlets seine Kreationen auch auf dem roten Teppich, und berühmte Fans wie Joan Crawford, Audrey Hepburn, Marlene Dietrich, Greta Garbo und Lauren Bacall nannten ihn liebevoll »Shoemaker of Dreams«. Er belieferte die Traumfabrik mit immer neuen Kreationen, die vor und hinter der Kamera zum Einsatz kamen.

Seine bahnbrechendste Erfindung war der perfekt sitzende Absatzschuh, für dessen Entdeckung er sogar Anatomiekurse an der Universität von Los Angeles belegte. »Ich liebe Füße«, schrieb er in seiner Autobiografie, »sie sprechen zu mir. Wenn ich sie in den Händen halte, kann ich ihre Kraft spüren, ihre Schwäche, ihre Vitalität und ihre Emotionen. Ein gesunder Fuß ist … das Meisterwerk göttlicher Handwerkskunst. Ein schmerzender Fuß … ist eine Qual.« Ein eingesetzter Metallstab und eine eingearbeitete haltgebende Sohle ermöglichten es Frauen, plötzlich schmerzfrei auf elf Zentimeter hohen Absätzen zu balancieren. Über 300 Patente folgten, denen wir unter anderem die Plateausohle und den Keilabsatz (1936) zu verdanken haben.

Sein wohl berühmtester Fan war Marilyn Monroe, für die er mehr als vierzig Paar entwarf. Auch die Stilettos, mit denen sie in dem Film *Das Verflixte 7. Jahr* (1955) über dem U-Bahnschacht poste und sich lachend ihr weißes Kleid hochwirbeln ließ.

1927 kehrte Ferragamo nach Italien zurück. Er zog nach Florenz, in die Hochburg der Lederverarbeitung, wo das Unternehmen noch heute beheimatet ist. Die Brüder hielten ihn erneut für verrückt. Aber Ferragamo hatte sich mal wieder erfolgreich auf seinen Instinkt verlassen. Der Grund: Er konnte der riesigen Nachfrage seiner Kunden nicht mehr mit von Hand gefertigten Schuhen nachkommen. Auch mit der Konkurrenz mitzuhalten, die ihre Modelle ganz selbstverständlich in Fabriken produzieren ließ, wurde für ihn immer schwieriger. Seine Entwürfe maschinell herstellen zu lassen kam für ihn jedoch nicht infrage. Da Arbeitskräfte in Italien wesentlich günstiger waren und das Handwerk dort noch immer weit verbreitet war, fand er einen Kompromiss: ein Fließband zwar, aber eines, das durchgängig von Menschen besetzt war. So stellte er Schuhe in Masse her, aber ganz und gar von Menschenhand. Er war der Erste, der italienische Schuhe in die ganze Welt exportierte. Italien war plötzlich der internationale Fixpunkt der Schuhmode. Und ist es noch heute.

Selbst die kurz darauf folgende Weltwirtschaftskrise, der Krieg, die Materialknappheit und das Lieferembargo gegen Mussolinis Italien konnten seine Kreativität nicht bremsen. Ganz im Gegenteil. Die Restriktionen spornten ihn an. Nachdem Leder, Gummi und Stahl – die fundamentalen Materialien der Schuhherstellung – komplett vom Markt verschwunden waren, kam er auf die Idee, Kork, Holz, Bast und sogar Bonbon-Zellophanpapier zu verwenden. Ohne Stahl konnten auch keine hohen Absätze mehr konstruiert werden, also erfand er den lange aus der Mode geratenen Keilabsatz neu. Seine Version bestand aus Kork. Duchessa Visconte di Madrone musste zwar von ihm überredet werden, aber sie löste in den Absätzen auf beiden Seiten des Atlantiks eine Trendwelle aus. Nicht zuletzt, weil der Absatz wahnsinnig bequem war. Ferragamo schätzte damals, dass um 1939 etwa 86 Prozent der Frauenschuhe in den USA mit Keilabsätzen hergestellt wurden. So wurde selbst sein Patent völlig überrollt, weil der Kork-Keilabsatz international so exzessiv kopiert wurde, dass er unmöglich die ganze Welt hätte verklagen können. Aber Imitation ist bekanntlich das größte Kompliment und für Ferragamo nur ein zusätzlicher Antrieb, seine Visionen in dem nächsten Schuhtrend umzusetzen ...

1960 starb er ganz plötzlich an Krebs. Seine damals 38-jährige Frau Wanda trat, ohne zu zögern, das Erbe an und machte es sich mit Unterstützung ihrer sechs Kinder zum Ziel, die Träume ihres Mannes weiterhin in Schuhe umzusetzen. Mit Erfolg. Das luxuriöse Salvatore-Imperium ist längst über sich hinausgewachsen, entwirft mittlerweile auch Mode, Handtaschen, Parfüms und Schmuck und erwirtschaftet einen Jahresumsatz von etwa 1,5 Millionen Dollar. Inzwischen natürlich hauptsächlich mit maschinell hergestellten Schuhen, aber die maßgefertigten Leisten von Stars wie Audrey Hepburn, Greta Garbo, Rita Hayworth und Sophia Loren verbergen sich immer noch irgendwo tief im Ferragamo-Archiv.

André Perugia (1893–1977)

Geboren in Nizza als Sohn italienischer Eltern trat Perugia schon früh in die Fußstapfen seines Vaters, eines Schuhmachers. Er erbte dessen Talent und seine Leidenschaft und fügte die eigenen großen Ambitionen hinzu. Nachdem er ein paar Jahre in der Werkstatt des Vaters sein Handwerk verfeinert hatte, eröffnete er 1909 seinen eigenen kleinen Fensterladen in einem Luxushotel in Nizza. Die dortige betuchte Kundschaft war von den Entwürfen des jungen Mannes begeistert und nahm seine Kreationen mit in die Modemetropole Paris. Dort machte sein Name in der Fashion-Arena der Stadt schnell die Runde. Der Durchbruch kam, als er nach dem Ersten Weltkrieg begann, Schuhe für die Kollektionen des Modeschöpfers Paul Poiret zu entwerfen. So eröffnete er 1921 in dem eleganten Luxusviertel in der Faubourg St. Honoré seinen ersten Pariser Laden. Zu seinen Kundinnen gehörten die Künstlerinnen des berüchtigten Varietétheaters Folies Bergère, Schauspielerinnen und Hollywood-Diven, die seine glamourösen Entwürfe vergötterten, darunter Josephine Baker, Rita Hayworth und Gloria Swanson. Mit seiner Experimentierfreude, Leidenschaft für Avantgardekunst und seinem technischen Verständnis kreierte der Visionär ständig neue Konstruktionen. Unter anderem einen Schuh in Fischform, inspiriert von Werken des Künstlers Georges Braque. Die Picasso-Sandale, eine Hommage an den berühmten Maler. Und abstrakte Heels mit gezwirbeltem Absatz und schwarz lackierten Fußnägeln. Für die Designerin Elsa Schiaparelli entwarf er Stiefeletten mit Affenfell, das über den Boden schleifte.

So wie sein Zeitgenosse Ferragamo war auch Perugia stets darum bemüht, die Grenzen des Möglichen immer weiter aufzulösen und die richtige Balance zwischen Ästhetik und perfekter Konstruktion zu finden. »Bis auf den allerletzten Millimeter«, wie er selbst sagte. Der Exzentriker war davon überzeugt, dass Füße die Persönlichkeit einer Frau widerspiegeln. Darüber schrieb er sogar ein ganzes Buch: *From Eve to Rita Hayworth*. Mit Kreationen wie dem jeglicher Schwerkraft trotzenden, absatzlosen roten High Heel, den er schon 1937 entwarf, war Perugia seiner Zeit weit voraus. Noch heute inspirieren seine avantgardistischen Entwürfe Schuhdesigner in aller Welt.

Roger Vivier (1907–1998)

Seine extravaganten Entwürfe vervollständigten die Kollektion
aller damals bedeutenden Haute-Couture-Häuser von Yves Saint
Laurent über Cristóbal Balenciaga bis zu André Courrèges. Und
vor allem Christian Dior, für dessen bahnbrechende »New Look«-
Kollektion Roger Vivier 1947 die Schuhe entwarf. Eine Revolution
in der Modewelt und der Durchbruch zu einer atemberaubenden
Karriere. Der Franzose war einer der einflussreichsten Schuhdesigner des letzten Jahrhunderts. Nicht zuletzt wegen seiner berühmtesten Kopfgeburt: Er verewigte sich mit dem hauchdün-
nen Stiletto, fast acht Zentimeter lang, eine bis 1954 unerreichte
Höhe – bis heute der Superstar unter allen Heels. Der Franzose
war Absätzen geradezu verfallen und kreierte unaufhörlich neue
Formen, Konstruktionen und Silhouetten: Pyramiden, Kugeln,
Muscheln. Legendär ist auch sein »Komma«-Heel aus gebogenem
Stahl, den er 1963 mithilfe von Luftfahrttechnikern entwickelte.
Der »Virgule« (auf Deutsch: Komma) ist ein extrem nach außen,
entgegen der Fersenkurve geschwungener Absatz. Während der
»Choc«-Heel, eine weitere Vivier-Erfindung aus dem Jahr 1959,
die Kurve hyper-betont und bis zum Boden fortführt.

    Der Franzose studierte Bildhauerei an der renommierten
École des Beaux-Arts in Paris, machte sich das Schuhhandwerk in
der kleinen Fabrik eines Verwandten zu eigen und begann in den
Dreißigerjahren in einer Werkstatt in Paris seine eigenen Schuhe
zu entwerfen. Die unkonventionelle Französin Elsa Schiaparelli
war eine der ersten Modeschöpferinnen, die Viviers einzigartiges
Talent erkannte, und ließ ihn 1937 die Schuhe für ihre Kollektion
entwerfen. Umgehend landete er auf dem internationalen Mode-
Radar und eröffnete im selben Jahr seinen ersten Salon in der Rue
Royale. Marlene Dietrich wohnte gleich um die Ecke und schaute

angeblich fast jeden Tag vorbei. Zu seinen Fans zählten nicht nur weibliche Legenden wie Brigitte Bardot, Audrey Hepburn und Elizabeth Taylor, sondern auch männliche Stars wie Cary Grant und John Lennon. Auch das britische Königshaus konnte seinen Entwürfen nicht widerstehen. Am 2. Juni 1953 trug Elizabeth II. zu ihrer Krönung ein Paar goldener Ziegenleder-Absatz-Sandalen, besetzt mit feinen Rubinen. So wurde Roger Vivier zum ersten Französischen Designer, der für eine britische Krönung das Schuhwerk entwarf.

Trotz opulenter Verzierungen und Materialien – Federn, Perlen, Kristalle und Korallen – zeichnete er sich eher durch sein schlichtes und minimalistisches Design aus. 1965 entwarf er einen weiteren Meilenstein, den »Belle Vivier« aus Lackleder, einen simplen Pump mit breitem quadratischem Absatz und der mittlerweile ikonischen viereckigen Roger-Vivier-Metall-Schnalle. Filmstar Catherine Deneuve lief damit 1967 in Luis Buñuels *Belle de Jour* durch den kompletten Film. Der Schuh wurde augenblicklich zum Kassenschlager, und Vivier verkaufte 200 000 Paar in einem Jahr. Heute ist er ein Markenzeichen von Roger Vivier und auch als Ballerina erhältlich. Sein Schaffensdrang war bis zum Tod des neunzigjährigen Designers 1998 nicht zu bremsen. Seine Entwürfe sind heute Teil der Museumskollektion im Metropolitan in New York und im Victoria and Albert in London. Der Franzose Bruno Frisoni hat das gewaltige Vermächtnis 2003 als Chefdesigner des Unternehmens übernommen. Er hat das Luxuslabel wieder aufpoliert und die Philosophie des Meisters zeitgemäß umgesetzt: »Einen Traum an den Füßen zu tragen ist der Beginn, seine Träume Realität werden zu lassen.«

Manolo Blahnik (geboren 1942)

Die wichtigste Stimme in der Modewelt und damalige Chefredakteurin der *US-Vogue* Diana Vreeland teilte dem jungen Manolo Blahnik 1970 während eines Besuches in New York unverblümt und mit einem entsetzten Aufschrei mit, dass sein Talent als Bühnenbildner nicht ausreiche. Er solle sich doch lieber als Schuhdesigner versuchen. »Das war für mich wie ein Gebot von Gott«, erinnert sich Blahnik. So kehrte er nach London zurück und begann, Männerschuhe zu entwerfen. Diese fand er aber frustrierend langweilig und schwenkte umgehend auf Frauenschuhe um. Der damals sehr einflussreiche britische Designer Ossie Clark gab ihm 1972 die große Chance und ließ ihn die Schuhe für seine nächste Kollektion entwerfen. »Mach, was du willst«, soll Clark zu dem damals unbedarften Manolo gesagt haben. Das Ergebnis war optisch ein Hit, architektonisch noch etwas unausgegoren.

So erlernte der Autodidakt sein Handwerk nach und nach von seinen Schuhmachern und perfektionierte es vor Ort in den Manufakturen, wo er den Arbeitern in Italien noch heute gerne über die Schulter schaut.

Mit seinen edlen Entwürfen beendete er in den Siebzigerjahren die Ära der Plateauabsätze und holte die feingliedrig-hohen Stilettos wieder auf die modische Landkarte zurück. Noch heute wird er der »heilige Patron der Stilettos« genannt. Er entwarf die goldenen Sandalen, die Bianca Jagger trug, als sie zu ihrem dreißigsten Geburtstag auf einem Schimmel in den legendären New Yorker Club Studio 54 ritt. Promi-Fans wie Madonna und die Damen der modischen Elite verehrten seine Entwürfe schon lange. Aber in den Schuh-Olymp der Superstars beförderte ihn Ende der Neunziger die Kultserie *Sex and the City*. Die Schuhe des spanischen Designers werden darin quasi in jeder Episode namentlich genannt. Hauptdarstellerin Sarah Jessica Parker gibt zu: »Man muss lernen, in seinen Schuhen zu laufen, und das passiert nicht über Nacht. Aber mittlerweile könnte ich in Manolos einen Marathon laufen.«

Geboren wurde Manolo Blahnik 1943 auf den Kanarischen Inseln, wo seine Eltern – die Mutter eine Spanierin, sein Vater ein Tscheche – eine Bananenplantage führten. Schon damals war seine Mutter eine modische Frau von Welt, die sich das *Vogue Magazin* per Schiff anliefern ließ und zum Shoppen nach Paris, Madrid und Monte Carlo flog. In der insularen Einsamkeit kam er bereits als Kind auf die Idee, Schuhe zu gestalten – allerdings für Eidechsen, Katzen und Hunde. Seine Schwester und er wurden auf der Insel früh mit Ballett- und Pianostunden und mit dem Unterricht verschiedenster Sprachen kultiviert (Mr. Blahnik spricht mindestens vier Sprachen fließend). Der Vater hoffte, dass der Sohn Diplomat werden würde, so studierte Blahnik Politik und Jura, später Literatur und Architektur. Den Plan, Bühnenbildner zu werden, versenkte er direkt nach seiner Begegnung mit Mrs. Vreeland. Er zog nach London und eröffnete 1973 seinen ersten Laden in Chelsea.

Jeder seiner Luxusschuhe entsteht noch immer von A bis Z von Hand. Von der Entwurfsskizze über die handgeschliffenen Leisten bis zum fertigen Schuh. Der exzentrische Gentleman der Schuhwelt ist dafür bekannt, dass er jedes Jahr über 300 Entwürfe kreiert. Er liebt Alligatorenleder, aber seine Fantasien verwirklicht er in allen möglichen Materialien: Satin, Seide, Brokat, Strass, Perlen, Neopren, Spitze, Federn, Chinchilla, Diamanten und Rubine. Blahnik verabscheut Keilabsätze und verehrt High Heels, weil sie für ihn Power und Sex-Appeal ausstrahlen. Seine Entwürfe verkörpern Erotik, Verführung und Sex, ohne dabei je ins Vulgäre abzurutschen.

Blahnik ist in Füße geradezu vernarrt. Der restliche menschliche Körper interessiere ihn nicht, erzählte er dem US-Magazin *New Yorker*. Sein Ideal seien die Füße von Fischern, weil sie ein Leben lang barfuß am Strand vom Sand zur Perfektion geschliffen werden. Er kann sich stundenlang über dieses eine anatomische Thema unterhalten. Sein Wochenendhaus in Bath gleicht einem Manolo-Museum. In jedem Raum stapeln sich in Schränken vom Boden bis zur Decke seine Entwürfe. Pumps, Sandalen, Pantoletten, Sling-Backs, Mules. Von jedem Design nur ein Modell, aber davon Tausende. Schuhe überall, unter den Betten, auf dem Dachboden, in den Fluren, Schlafzimmern. Sein persönliches Schuhmausoleum, wie er sagt, und ganz offensichtlich eine Liebeserklärung an die eigene Profession.

Christian Louboutin (geboren 1963)

»Schuhe haben weitaus mehr zu bieten, als nur zu laufen«, erzählte der französische Designer Christian Louboutin mal dem *New Yorker*. Er verstehe seine Schuhe vor allem als Männerköder. Seine Logik: Männer mögen High Heels, und Frauen mögen es, wenn Männer sie mögen. Louboutin kennt sogar ein mittlerweile verheiratetes Paar, das sich kennenlernte, weil er sie auf ihre roten Sohlen ansprach.

Diese kostbare rote Sohle, seit 1993 Louboutins Markenzeichen, ist einem Zufall zu verdanken. Seine Assistentin lackierte sich gerade die Nägel, als er gedankenverloren an einer Verbesserungsidee für einen Entwurf feilte. Sein Blick traf den knallroten Lack, und der löste einen Geistesblitz aus: Rote Schuhsohlen! Der Rest ist Legende. »Männer sind wie Bullen, sie können den roten Sohlen einfach nicht widerstehen«, so Louboutin. Und Frauen erst recht nicht. Burleske-Star Dita Von Teese tritt ausschließlich in Louboutins auf.

Als erfolgreicher Kreator von Wolkenkratzer-High-Heels hasst Louboutin logischerweise das Konzept Bequem, wie er selbst sagt: »Das Schlimmste wäre für mich, wenn jemand zu meinen Schuhen sagen würde: ›Ach Gott, die sehen ja bequem aus.‹« Man gebe eine Menge großartiger Ideen auf, wenn man zu sehr auf Komfort aus sei. Schuhe müssen für Louboutin eine Herausforderung sein.

Kein Wunder also, dass für Christian Louboutin alles mit einem Verbot begann. Als Schuljunge entdeckte er 1976 ein Schild im Museum of African and Oceanic Art in Paris. Es verbot Stilettos zum Schutze des Mosaikfußbodens. Er war völlig fasziniert von diesem modischen Tabu und begann, ein Notizbuch mit sich herumzuschleppen, um alle möglichen Schuhfantasien festzuhalten. Dass aus dieser Leidenschaft ein Beruf werden könnte, war ihm damals noch in keiner Weise bewusst.

Aber sie löste den Wunsch in ihm aus, etwas zu kreieren, das Regeln bricht und Frauen stark und selbstbewusst macht. Dann fiel ihm ein Buch von Roger Vivier in die Hände: »Da wusste ich sofort, was ich werden will.«

Louboutin wuchs mit drei Schwestern in Paris auf, seine Mutter eine Hausfrau, der Vater Kunsttischler. Schon mit zwölf zog der Freigeist zu einem älteren Freund. Mit sechzehn flog er von der Schule und begann als Assistent hinter der Bühne für das Pariser Kabarett Folies Bergère zu arbeiten. Dort wurde er von den Showgirls ständig gebeten, beim Metzger Rindfleisch zu besorgen. Etwas erstaunt über den hohen Fleischkonsum, fand er erst später heraus, welchen Zweck die Metzgerware eigentlich erfüllte: Sie wurde als Einlage in die Schmerzen verursachenden High Heels gesteckt!

Als Teenager reiste er durch Ägypten und Indien und feierte als Party-Boy im Paris der Siebziger und Achtziger im legendären Club Le Palace mit Mick Jagger, Andy Warhol und Grace Jones. Mit seinen extravaganten Entwürfen bewarb er sich dann bei Charles Jourdin, lernte daraufhin sein Idol und künftigen Mentor Roger Vivier kennen. Nachdem er eine Weile Schuhe für Modehäuser wie Chanel und Yves Saint Laurent kreierte, unterbrach er seine Karriere kurzzeitig, um als Landschaftsgärtner zu arbeiten. Zum Glück für unzählige Frauen widmete Louboutin sich bald wieder dem Schuhdesign und gründete wenig später sein eigenes Label. 1991 eröffnete Louboutin einen eigenen Laden in Paris. Seine erste Kundin: Caroline, Erbprinzessin von Monaco (Prinzessin von Hannover). Mittlerweile gibt es keinen weiblichen Star, der seine Entwürfe nicht trägt. Louboutin verkauft mehr als 700 000 Paar pro Jahr. Er gibt Autogramme auf Schuhsohlen wie ein Popstar, aber verschenkt seine Schuhe angeblich weder an Familienangehörige noch an Promis, die für viele Modehäuser als wandelnde Reklametafeln fungieren. Doch sie bekommen natürlich Rabatt.

Sein Bestseller ist der »Very Privé«, ein schlichter sexy Heel, vorne offen, mit einem extremen und versteckten Plateau. Seine Entwürfe sind für ihn die Bühne seiner Kreativität, humorvoll, frech und provokant. Gerne betitelt er seine Kreationen mit ironischen Namen wie »Toutenkaboucle«, »Banana« oder (bitte selbst nachschlagen) »Zigounette«. Allüren, so glaubt er, kann man mit Humor niederstrecken. Schuhe sollen schließlich Spaß machen. Sowohl beim Entwerfen als auch beim Tragen. So entwarf er »CNN Girl« angeblich für Reporterinnen in Krisengebieten, einen Stiefel mit kleinen Taschen für Handy und Stift. Oder ein Paar brauner Wildleder-Pumps, die aussehen wie eine Löwentatze. Oder »Toro«, ein Paar knallroter Schuhe mit zwei

Lackleder-Bullenhörnern. Es versteht sich von selbst, dass er seinen Kundinnen jeden Sonderwunsch erfüllt. So wie ein Luxusmodell, das durch und durch in Rubine gehüllt ist, selbst unter der Sohle. Eine Kreation, die wohl nie mit Asphalt in Berührung kommen wird. Eine goldenes Paar Riemchen-High-Heels nannte er »Murderess«, weil eine seiner Visitenkarten in der Tasche einer Frau gefunden wurde, die im Verdacht stand, einen Mann erstochen zu haben. Für Louboutin offenbar eine perfekte Inspirationsquelle.

Shoeaholics
Wenn aus Leidenschaft Sucht wird

Die deutsche Frau besitzt im Durchschnitt schätzungsweise 25 Paar und erweitert ihren Fundus jährlich in der Regel um etwa sechs neue Exemplare. Mein Schuhwerk im Geiste grob überschlagend befürchtete ich, dass ich in beiden Kategorien über den Mittelwert weit hinausschieße. Wären doppelt so viele schon grenzwertig? Und fast drei Mal so viele etwa Anzeichen einer Suchtgefährdung? Laut *Urban Dictionary* ist ein Shoeaholic ein Individuum, das mehr als sechzig Paar besitzt. Diesen Zustand hatte ich vermutlich so gut wie erreicht. Nicht zuletzt dank meines letzten Impulsivkaufs, der in einem Kaufrausch endete. Die Beute dieses Mal: Zehn Paar an einem Tag (beziehungsweise in einer Stunde)! Aber zu meiner Verteidigung: Eigentlich hatte ich keine andere Wahl. Denn meine Freundin Patty ist eine dieser glücklichen Schuhdesignerinnen, die zu Recherchezwecken gezwungen sind, jede Saison etliche Modelle von Konkurrenzdesignern zu erwerben. Plus etliche Entwurfs-Samples und Kreationen, die sie behalten darf, weil sie am Ende gar nicht in Produktion gehen. Mein doppeltes Schuhverhängnis: Unsere Größen sind identisch, und wir haben beide Sample-Size 37,5. Dazu hat Patty einen ausgezeichneten Stil, unglaubliches Talent, und jeder einzelne ihrer Entwürfe entspricht genau meinem Geschmack. Als sie also neulich ihr Rechercheinventar durchstöberte – das sie auch gerne Schuhfriedhof nennt – und plante, die aussortierten Modelle auf dem Flohmarkt zu verkaufen, konnte ich mein Glück kaum fassen. Dort angekommen, wusste ich gar nicht, welche ihrer Schuhleichen ich zuerst wiederbeleben sollte. Und ich hatte plötzlich das Gefühl, dass in meinem eigenen Schuhschrank absolute Dürre herrschte. Was hatte ich in den letzten Monaten eigentlich ganz genau an meinen Füßen getragen? Die augenblickliche Euphorie vernebelte mein Erinnerungsvermögen. Die braunen Chelsea-Stiefeletten mit Absatz mussten auf jeden Fall sein. Auch die flachen schwarzen Ballerinas. Und die beigefarbenen Loafer mit Gummisohle passten einfach zu allem. Die braunen Oxfords ebenso. So wuchs der Berg nach und nach, und plötzlich hatte ich zehn Paar neuer Schuhe. Das brachte meinen Bestand tatsächlich auf knappe sechzig, ausgelatschte Flip-Flops und Filzpuschen inklusive. Auf dem Weg nach Hause machte sich das schlechte Gewissen breit. Um meine Maßlosigkeit zu kaschieren, beförderte ich die frisch adoptierten Schuhkinder unauffällig in meinen Kleiderschrank. Meinem Freund konnte ich unmöglich von dieser offensichtlich unnötigen Kauforgie erzählen, zumal mein Schuhregal schon vorher aus allen Nähten zu platzen drohte.

»Geht mir genauso«, beruhigte mich meine Freundin Diana, »die Hälfte meiner Schuhe versuche ich so zu platzieren, dass ich sie nicht komplett vergesse. Aber faktisch trage ich davon nur zehn Prozent. Dutzende meiner Schuhe habe ich – ehrlich gesagt – noch nie getragen.« Das relativierte meine Bilanz. Diese unersättliche Sohlenverwandtschaft scheint bei uns Frauen genetisch vorprogrammiert. Irgendeine Region im weiblichen Gehirn wird auf unerklärliche Weise beim Anblick von Schuhen stimuliert. Und führt nicht selten zu Kurzschlusskäufen. Oder sind jene Ausschweifungen beim Schuhkauf vielleicht Teil einer evolutionären Überlebensstrategie? Die Universität von Kansas hat 2012 nämlich herausgefunden, dass man einen Menschen beim bloßen Anblick seiner Schuhe sofort und korrekt einschätzen kann. Sie geben sowohl das Alter, den sozialen Status, die politische Gesinnung, die Gemütslage als auch neunzig Prozent der Charakterzüge preis. Laut dieser Studie deuten Stiefeletten auf eine aggressive Persönlichkeit hin. Je praktischer ein Schuh, je freundlicher der Träger. Und Menschen, die langweilige Schuhe tragen, sind angeblich unnahbar und distanziert. »Ein Schuh spiegelt wider, wer du bist«, das sagte schon Popstar Fergie in der 2011-Dokumentation *God Save My Shoes.*

Da lohnt es sich natürlich, ständig in neues Schuhwerk zu investieren, damit auch niemand falsche Schlüsse zieht! Das bestätigte auch mein Freund Kai, der mir enttäuscht von seinem letzten Date erzählte. »Eigentlich lief alles ganz gut, aber als nach dem Abendessen mein Blick auf diese furchtbaren Schuhe fiel, war der Zauber erloschen.«

Kein Wunder, dass die Leidenschaft für Schuhe bei gewissen exzessiven Persönlichkeiten schnell in Obsession umschlägt. Der berüchtigtste Schuh-Junkie aller Zeiten ist wohl Imelda Marcos, die ehemalige First Lady der Philippinen. Ihre exorbitante Sammlung in Größe 39 wurde auf 1220 Paar geschätzt, darunter Designer wie Christian Dior, Ferragamo, Ungaro, Gucci und Chanel. (Die Gerüchteküche hat die Gesamtzahl ihres Schuhschatzes sogar auf 5000 Paar hochgekocht, doch die US-Tageszeitung *New York Times* war sich sicher: »nur« 1220.) Was der Schuh-Manie von Frau Marcos jeden Charme nimmt, ist der Umstand, dass zur zwanzigjährigen Amtszeit ihres Mannes, des Diktators Ferdinand E. Marcos, Millionen Filipinos in erbärmlicher Armut lebten. Marcos wirtschaftete das Land zu Boden, während sich seine Familie schamlos illegal bereicherte und die Gattin ein Milliardenvermögen in ihr Luxusleben und die besagte Schuhkollektion versenkte. Das Regime galt damals als eines der korruptesten der Welt – man schätzt, dass die Marcos zehn bis dreißig Milliarden Dollar aus ihrem Land saugten. Als Marcos 1986 gestürzt wurde, floh das Ehepaar nach Hawaii. Für ihren pompösen Lebensstil war ihr zurückgelassener Wohn- und Amtssitz – der Malacañang-Palast in Manila – Tatort und Beweis in einem. Neben jenen 1220 Paar Designerschuhen fand man dort 508 Abendkleider, 888 Handtaschen und fünfzehn Nerzmäntel. Fein säuberlich in Regalen aufgereiht wie in der Schuhabteilung von Saks. Unter anderem vier identische Paar schwarz-silberner Schuhe des französischen Designers Charles Jourdan. Ein schockierender Spiegel ihrer Dekadenz und ein fortdauerndes Symbol für die Gier und Korruption der Marcos-Ära.

Dennoch war Imelda sowohl im politischen Ausland als auch im eigenen Land teils überaus beliebt. Die Faszination hält bis heute an. Sie war die Inspirationsquelle für ein Broadway-Musical, das ihren Namen trug, und eine Performance von David Byrne in der New Yorker Carnegie Hall. Nach dem Tod ihres Mannes kehrte Imelda 1991 sogar nach Manila zurück und lebt dort immer noch in Saus und Braus, wenn auch angeblich nur von den 90 Dollar ihrer monatlichen Witwenrente. Sie eröffnete in der Stadt Marikina 2001 ein Schuhmuseum mit Exponaten aus ihrem eigenen Fundus und Modellen anderer berühmter Filipinos. »Sie haben meinen Kleiderschrank durchstöbert auf der Suche nach Leichen. Gott sei Dank haben sie nur Schuhe gefunden, wunderschöne Schuhe«, kommentierte sie lachend und ohne jegliche Selbstironie die Eröffnung des Museums. Menschenrechtsverletzungen hätten niemals stattgefunden, noch habe auf den

Philippinen jemals Armut existiert. Frau Marcos ist sich bis heute keiner Schuld bewusst. Unverfroren kandidierte sie in den Neunzigern sogar bei der Präsidentschaftswahl und kürzlich für das Amt der Bürgermeisterin in Manila. Auch in ihren Achtzigern ist sie immer noch politisch aktiv.

Fast dreißig Jahre später verblassen die skandalösen 1220 Exemplare im Vergleich zu einigen Schuh-Junkies der Gegenwart geradezu. Und es verwundert kaum, dass Christian Louboutin in diverse Schuh-Exzesse involviert ist. Ein Designer, der das Suchtpotenzial seiner Kundinnen mit extravaganten Kreationen meisterhaft anfeuert. In seiner New Yorker Boutique auf der Madison Avenue investierte eine Frau mit »transatlantischem Akzent« in weniger als dreißig Minuten 55 000 Dollar. Wie viele Paar Schuhe das genau sind, spielt da keine Rolle mehr. Von den Biancas aus Krokoleder kaufte sie auf jeden Fall gleich fünf Paar – eines für jedes ihrer Häuser. Macht Sinn.

Die Kundin mit der angeblich größten Sammlung ist die amerikanische Bestseller-Autorin Danielle Steel. Sie besitzt laut Louboutin mehr als 6000 Paar und kauft manchmal gleich achtzig auf einen Schlag. Ihr Schuhvermögen müsste sich somit auf etwa 2,5 Millionen Euro belaufen. Mit diesen Zahlen macht sich Frau Steel rekordverdächtig. In ihrem Blog streitet die US-Schriftstellerin diese Summen zwar entrüstet ab. Aber sie ersetzt die 6000 – die in ihrer Klarstellung ganze zehn Mal vorkommt – nicht mal andeutungsweise mit der »wahren« Anzahl. Das könnte darauf schließen lassen, dass ihr Schuhschrank so oder so sehr gut bestückt ist. Denn auch mit der Hälfte wäre ihre Sammlung ziemlich respektabel.

Christian Louboutin schätzt, dass etwa 3000 Frauen je 500 seiner Entwürfe besitzen. Auch Daphne Guinness' Schuhschatz bewegt sich irgendwo im dreistelligen Bereich. Die bekannte britisch-irische Designerin, Socialite, Künstlerin, Muse, Stil-Ikone, Erbin und Nachfahrin des Brauereiimperiums ist eine wahrhaftige Schuharistokratin. Und sie ist einer der wenigen Menschen, die dem monströsen »Armadillo«-Schuh des verstorbenen britischen Designers Alexander McQueen gewachsen sind. Sie war nach Lady Gaga – die sich darin für ihr Musikvideo *Bad Romance* filmen ließ – der erste mutige Promi, der mit dem monströsen Schuh 2010 über den roten Teppich lief. Die animalische Gürteltier-Fantasiegestalt – halb Krebsklaue, halb Ziegenhuf – misst etwa 30,5 Zentimeter vom Boden bis zu den Knöcheln. Guinness betont, dass man in diesen Extremitäten eigentlich ganz bequem gehen könne. Dazu muss man wissen, dass modische Kraft- und Balanceakte dieser Art für Guinness Alltag sind. Fashion ist für sie eine Plattform, jedes Outfit eine Kunstinstallation. Ihr diszipliniert-barocker Stil – sie liebt Krausen aus Spitze, enge Kragen aus Samt, Broschen, Bündchen und Gehröcke – in Kombination mit der strengen weiß-schwarz gesträhnten Hochsteckfrisur wirkt wie aus vergangenen Zeiten. Gegen Bequemlichkeit scheint sie allergisch zu sein. Selbst im Fitnessstudio erlaubt sie sich keine modische Nachlässigkeit und trägt laut dem Magazin *New Yorker* selbst auf dem Stairmaster makellos-elegant weiße Ballettschuhe. Und am Strand gerne Diamanten. Es versteht sich von selbst, dass die Exzentrikerin auch die schwindelerregend hohen und absatzlosen Extremkreationen des Japaners Noritaka Tatehana beherrscht. Vor ein paar Jahren verletzte sie sich bei einem Sturz in seinen roten Paillettenstiefeln am Flughafen in Hannover. Angeblich war sie entzückt, denn das Blut passte farblich perfekt zu ihren Schuhen. Farbharmonie scheint der Aristokratin enorm wichtig zu sein, so ließ sie etwa für eines ihrer Apartments einen Teppich anfertigen, der farblich auf ihren maßgefertigten Nagellack abgestimmt war.

Den offiziellen Rekord im *Guinness Buch der Rekorde* hielt 2013 eine völlig unbekannte Amerikanerin namens Darlene Flynn. Sie besaß etwa 15 000 Schuhe, darunter auch dekorative Objekte wie Möbel, Teekannen, Seifen, Telefone etc. in Schuh-Optik. Ihr komplettes Haus in Kalifornien war übersät mit Schuhen, als sie 2013 in ihrem Pool tot aufgefunden wurde.

Die Schuh-Obsession der amerikanischen Profi-Poker-Spielerin Beth Shak führte zu einer derart wertvollen Sammlung, dass ihr Exmann sie nach der Scheidung verklagte und Anspruch auf 35 Prozent ihrer etwa eine Million Dollar schweren Schuhkollektion erhob – ungefähr 1200 Paar, darunter 700 Louboutins. Angeblich hatte sie diesen kostbaren Schuhschatz während der Scheidung vor ihm geheim gehalten. Ihre Kleider- und Schuhgemächer hatte er während der Ehe anscheinend nie betreten. Die Klage wurde abgewiesen, und Shak durfte ihren besohlten Reichtum behalten.

»Es gab eine Zeit, da hat mich nur eins glücklich gemacht: Schuhe kaufen. Ich habe Schuhe schon immer geliebt«, sagt Shak in der Dokumentation *God Save My Shoes*. Die Sängerin und ehemaliger »Destiny's Child«-Star Kelly Rowland gibt in dieser lachend zu: »Ich gebe allen meinen Schuhen Namen. Zugegeben, ich erinnere mich nicht immer an alle. Ich hoffe, das macht mich nicht zu einer Raben-Schuhmutter.« Weil mal jemand Rowland erzählt hat, dass Füße wachsen, sobald man Kinder bekommt, kauft sie ihre Schuhe seither kategorisch eine Nummer größer. »Alle Schuhe, die ich kaufe, will ich für immer tragen und behalten. Ich habe bisher zwar gar keine Kinder, aber man weiß ja nie«, erklärt Rowland. Auch die amerikanische Philanthropin und Socialite Baroness Monica von Neumann (Witwe des österreichischen Millionärs Baron John von Neumann) kommt in der Dokumentation zu Wort und erklärt ihre Schuhsucht so: »Ich weiß, ich weiß, ich bin ein Junkie, aber Schuhe sind für mich wie Süßigkeiten.« Nur ein klein bisschen teurer.

Unzählige bekennende Schuh-Junkies, -Sammler, -Fanatiker, -»Hoarder« und »Shoeaholics« führen auf *You Tube* stolz ihre Prachtstücke, Schnäppchen und Kollektionen vor. Stundenlang kann man dort in die Schuhschränke und Seelen fremder Frauen schauen.

Auch in der Welt der Glamour-Girls kursieren astronomische Zahlen. Paris Hilton erzählte dem britischen Tabloid-Weekly *OK!*, dass sie weit über 1000 Paar in den riesigen begehbaren Ankleidezimmern in ihrer Villa in Beverly Hills aufgereiht hat. Lindsay Lohan soll vor Jahren mal stolz geprahlt haben, dass sie 5000 Paar besitzt. Gerüchten nach hat das Magazin *Tatler* auch mal behauptet, dass die Zahl bei Designerin und Ex-Spice-Girl Victoria Beckham bei horrenden 8000 liegt. 2013 versteigerte die Britin dann einen ganzen Haufen ihrer Louboutins, Choos und Blahniks für einen guten Zweck. Schlussfolgerung: Ihre Schuh-sammlung liegt vermutlich im vierstelligen Bereich, 8000 er-scheint jedoch maßlos übertreiben. Aber wer weiß das letztlich schon?

Das deutsche Topmodel Heidi Klum hat in einem TV-Inter-view kürzlich auf jeden Fall ganz ehrlich zugegeben, dass sie etwa 2000 Paar besitzt. »Schon ein bisschen peinlich … Ich hoffe, das klingt nicht furchtbar?«, fragt sie entschuldigend und erklärt, dass sie generell ein hoffnungsloser Sammler sei, der nichts wegschmeißen könne. Da hat sich in über zwanzig Jah-ren Modelkarriere natürlich einiges an Schuhen angesammelt. Diese stehen jetzt fein säuberlich sortiert und übersichtlich mit Fotos versehen in Klums Keller – in der Hoffnung, dass ihre Töchter Leni und Lou ihre Größe 41/42 erben und damit auch ihren Schuhschatz.

Und die kanadische Popsängerin Céline Dion eröffnete dem US-Magazin *Vanity Fair* ganz ungeniert, dass sie etwa 3000 Paar angesammelt hat. »Manche Leute nehmen Drogen«, fügte sie hinzu, »ich kaufe Schuhe.« Mehr ist dazu eigentlich nicht zu sagen. Außer: Egal wie viele, genug hat man nie.

Schritt für Schritt emanzipiert

Der Schuh als Spiegel der Frauenbewegung

Die Schuhgeschichte des letzten Jahrhunderts ist eigentlich auch die Geschichte der Emanzipation. Mehr Rechte bedeuteten mehr Bewegungsfreiheit bedeuteten andere Bedürfnisse bedeuteten anderes Schuhwerk. Schuhe spiegeln die Welt wider, in der sie getragen werden. Damals wie heute.

Während Schuhe für Männer seit jeher funktional sein sollten, haben sich weibliche Schuhmoden jahrhundertelang unbequemen sozialen Trends und gesellschaftlichen Normen unterworfen. Geburtsstätte der modischen Gleichberechtigung waren kreative Metropolen wie Paris. Dort begannen Frauen um die vorletzte Jahrhundertwende Rad zu fahren und Sport zu treiben. »Weil sie schwimmt, läuft, Golf und Tennis spielt und für ihren eigenen Lebensunterhalt arbeitet, kann sie nicht mehr mit Wespentaille und Zwergenfüßen posieren«, diagnostizierte die *New York Times* schon 1911 in einem Artikel. Die stetig wachsende Schuhgröße der Frauen sei ein klares Zeichen der weiblichen Emanzipation. Eine hellsichtige Prognose und ein ziemlich verlässliches Barometer. War 32 vor der letzten Jahrhundertwende noch die Durchschnittsschuhgröße einer erwachsenen Frau, sind Größen um 40 heute keine Seltenheit.

Die Mode um 1900 schränkte die neu gewonnene Bewegungsfreiheit der Frau allerdings noch immer enorm ein. Korsetts schnürten Oberkörper zu einer s-förmigen Silhouette ab, überdimensionierte Hüte versperrten die Sicht, und die Füße wurden immer noch von engen altmodischen Schnürstiefeln eingeengt. Unbequeme Kleidung und Schuhe gehörten damals zum weiblichen Alltag.

Die politische und modische Gleichberechtigung begann in den 1910ern mit den Suffragetten. Die ersten organisierten Frauenrechtlerinnen, die sich vor allem in Großbritannien und Amerika für die Gleichberechtigung stark machten. Diese Frauen, hauptsächlich aus der Ober- und Mittelschicht, demonstrierten anfangs noch in hochgeschnürten Stiefeln, Hüten, weiten Blusen und langen, eng taillierten Röcken. Ein bewusst gewähltes Stilmittel, denn sie wollten die Männer zunächst ganz bewusst nicht mit einem für die damalige Zeit womöglich verstörenden Erscheinungsbild von ihren politischen Zielen ablenken. Als der sanfte Protest jedoch keine Wirkung zeigte, begannen die Frauenrechtlerinnen Tabus zu brechen: Sie rauchten in der Öffentlichkeit – ein bis dato männliches Vorrecht – und schreckten irgendwann auch nicht mehr vor Gewalt zurück. In England schlugen die Suffragetten nicht nur Schaufenster ein, sondern zündeten Landsitze an und verübten Bombenanschläge auf öffentliche Gebäude. Um ihrer Forderung nach dem Frauenwahlrecht Gehör zu verschaffen, begaben sich manche Suffragetten in lange Hungerstreiks und nahmen auch Gefängnisstrafen in Kauf.

Eine junge Französin namens Gabrielle Chasnel machte sich zeitgleich daran, Frauen von den Kleidungszwängen des frühen 20. Jahrhundert zu befreien, und wurde zu einer der wichtigsten modischen Frauenbefreierinnen und unter dem Namen Coco Chanel eine der berühmtesten Designerinnen des letzten Jahrhunderts. Sie war ihrer Zeit weit voraus und wunderte sich schon damals, wie ein »weibliches Gehirn unter so viel überflüssiger Zier überhaupt funktionieren« könne. Das war bis dato auch nicht verlangt, bestand die weibliche Hauptaufgabe doch eher in der Rolle der dekorativen Ehefrau, braven Tochter oder verführerischen Liebhaberin. Keine dieser Rollen passte auch nur ansatzweise in Chanels Lebensplanung. Die junge Gabrielle kam aus ärmlichen Verhältnissen und versuchte sich anfangs als Schneiderassistentin, dann als Barsängerin durchzuschlagen. In den Pariser Bars bekam sie auch ihren Spitznamen Coco verpasst. Nachdem sich dort keine attraktiven Perspektiven für sie auftaten, zog sie mit 22 Jahren als Mätresse auf das Landschlösschen Royallieu des reichen Offiziers Étienne de Balsan. Hier begann ein neues Leben. Er ließ ihr jegliche Freiheiten. Sie lernte reiten und startete ihren modischen Emanzipationsfeldzug. Statt sich wie andere Mätressen für ihren Offizier mit hübschen Kleidern zu schmücken, bediente sie sich an Balsans Garderobe und entdeckte, dass bequeme männliche Kleidung wie Jockeyhosen, Hemdblusen und Stiefel die weibliche Lebensqualität enorm anhob. Statt sich wie andere reitende Frauen mit engen Jackets und langen Röcken im Sattel rumzuschlagen, bat sie den Schneider, ihr eine Jodhpur-Hose wie für Männer anzufertigen. Sie erinnerte sich später, dass der Schneider ziemlich verdutzt reagierte. Zudem trug sie das Outfit nicht nur zum Reiten. Damals geradezu ein Skandal. Den üppig dekorierten Hüten der damaligen Zeit sagte sie als Erstes den Kampf an. Sie begann, simple Modelle zu entwerfen. Anfangs für sich, dann für ihre immer größer werdende Fangemeinde in Paris. Entgegen allen damaligen Konventionen hielt Balsan sogar um ihre Hand an, eine ungewöhnliche und einzigartige Chance für eine Mätresse. Aber Coco hatte sich schon damals ein anderes Ziel gesetzt: Unabhängigkeit. Sie lehnte ab und verliebte sich kurz darauf in einen Freund Balsans, den Engländer Arthur »Boy« Capel. Die große Liebe ihres Lebens, wie sie selber sagte, und ihr größter Förderer. Coco zog nach Paris, und Capel ermutigte sie, mit seiner finanziellen Unterstützung ihre erste Boutique zu eröffnen. Der Rest ist Legende. Komfortable Mode für Frauen zu entwerfen blieb zeitlebens Chanels Mission. Auch beim Schuhdesign. Kein Fan von Stilettos, bat sie ihren Pariser Schuhmacher Raymond Massaro um Hilfe. Er entwarf für sie den beigefarbenen Riemchen-Pump mit schwarzer Zehenkappe und Ballerinas im ähnlichen Stil. Das zweifarbige Duo wurde zu Chanels Markenzeichen und ist noch immer ein Bestseller. »Eine Frau mit guten Schuhen ist niemals hässlich«, sagte Chanel.

Historische Ereignisse wie der Erste Weltkrieg beeinflussten die Schuhmode dann erheblich: Der Krieg zwang Frauen, die männlichen Arbeitskräfte zu ersetzen, und sie strömten massenweise in Büros und Fabriken. Dort war nun Zweckmäßigkeit gefragt. Bodenlange Röcke wurden durch kürzere ausgetauscht. Damenschuhe mussten plötzlich praktisch sein, und Frauen begannen, männliche Modelle wie die flachen Oxford-Schnürschuhe zu tragen. Entwickelt als orthopädischer Gesundheitsschuh, der verhindern sollte, dass sich der Fuß zu sehr ausbreitet, erwiesen sich Oxfords schnell als bequemer Trend und erstes Unisex-Model der modernen Schuhgeschichte.

Mit dem Arbeitsplatz folgte automatisch mehr Unabhängigkeit. Nicht nur zu Hause. Auch politisch wollten die Frauen nun mitreden. Dank des unermüdlichen Protests der Suffragetten wurde in mehr und mehr europäischen Ländern das Wahlrecht für Frauen eingeführt. In Deutschland gingen Frauen erstmals

1919 wählen. In Amerika wurde das Wahlrecht 1920 in der Verfassung verankert.

Nach den tristen Kriegsjahren der Entbehrung wurde die Welt in den Goldenen Zwanzigern mit voller Wucht von wieder aufflammender Lebensfreude mitgerissen. Man tanzte sich die Grausamkeiten, das Elend und die Not von der Seele. Auch in den Nachtlokalen Berlins, wo eine farbige Sängerin Namens Josephine Baker, bekleidet mit einem knappen Bananenröckchen und in flachen Sandalen, die vergnügungshungrigen Deutschen mit sprühender Energie für den amerikanischen Modetanz Charleston begeisterte. Die Ära der emanzipierten Flapper Girls war in vollem Gange. Übersetzt: jemand, der flattert, was sich auf die flatternde Armbewegung beim Tanzen bezog. Sie interpretierten die von den Suffragetten erkämpfte Gleichberechtigung und neu gewonnene Emanzipation nach ihrem Gusto und setzten sich provokativ über jegliches »gute Benehmen« hinweg. Sie rauchten, hörten Jazz, tranken hochprozentigen Absinth, tanzten in ihren kurzen Paillettenkleidern bis spät in die Nacht Charleston, trugen reichlich Schminke und kussechten Lippenstift (bis dahin nur Schauspielerinnen und Prostituierten vorbehalten). Außerdem flirteten und schimpften sie ungeniert wie die Männer. Sie nahmen sich raus, was das andere Geschlecht schon lange durfte. Zum Schrecken der älteren Generation, die nicht nur von dem Verhalten, sondern auch von der »ordinären, provozierenden Herausstellung des Beines« geschockt war.

Das neue weibliche Selbstbewusstsein und die scham- und sorglose Lebenseinstellung hatten natürlich auch modische Konsequenzen. Priorität hatte vor allem, dass man ungehindert tanzen konnte. So trugen Frauen jungenhafte Bobs, kurze, mit Glasperlen bestickte Fransenkleider, Boas und Stirnbänder, Korsetts wurden durch Unterwäsche und Büstenhalter ersetzt, die Taille rutschte ab und verschleierte die Hüfte. Diese betont unbetonte Silhouette lenkte den Fokus auf den Fuß. Die eng geschnürten Edwardian Stiefeletten der Mütter fielen komplett aus der Mode. Das Tanzen erforderte einen Schuh mit niedrigem Absatz und geschlossenen Zehen: Riemchen-Pumps. Abends gerne in glamourösen Materialien wie Satin, Samt, Schlangen- und Krokoleder. Femme-Fatale-Ikonen wie Marlene Dietrich verleibten sich zeitgleich die Kleidung und Schuhmode der Männer ein. *Der Blaue Engel*, der erste große Tonfilm Deutschlands, machte die Berlinerin in der Rolle der Varietésängerin Lola-Lola 1930 über Nacht zum Weltstar. Sie prägte das neue Bild der Frau: sinnlich, selbstbewusst, verführerisch.

Die Industrialisierung revolutionierte die Schuhmode im frühen 20. Jahrhundert wie nie zuvor. Alles war plötzlich möglich. Schuhe wurden nicht mehr aufwendig von Hand, sondern in Masse produziert. Vor allem in Amerika. Die Preise sanken drastisch, was dazu führte, dass Frauen sich plötzlich mehr als ein neues Paar leisten konnten. Optisch gab es auf einmal keine Grenzen mehr. Bis dato schwarz, braun und weiß, explodierte die Farbpalette. Und statt wie früher geduldig tage- und wochenlang auf den Schuster zu warten, konnte man plötzlich in ein Kaufhaus spazieren und die neuen Schuhe umgehend mit nach Hause nehmen. Trends wurden nun nicht mehr von gesellschaftlichen Zwängen, sondern von Modemagazinen und der aufkeimenden Filmindustrie Hollywoods diktiert. Die moderne Konsumgesellschaft war geboren. Und damit eine neue Kultur, in der man aggressiv um Frauen als Kundinnen buhlte, per Anzeigen und Marketing.

Große Erleichterung verschaffte dem weiblichen Fuß etwa zur gleichen Zeit der schon damals berühmte Designer Salvatore Ferragamo. Ihm war aufgefallen, dass selbst seine mit großer Fertigkeit maßgeschneiderten Modelle immer noch Schmerzen verursachten. Dass Frauen mit geschundenen und teils regelrecht verkrüppelten Füßen durchs Leben gehen mussten, wollte er nicht hinnehmen. Er war davon überzeugt, dass sich Komfort und Ästhetik vereinbaren lassen. Also schrieb er sich an der Universität von Los Angeles ein und studierte Anatomie. Sein Laden wurde zum Versuchslabor. Hier analysierte und setzte er um, was er über den Aufbau der Füße, Gewichtsverteilung und das menschliche Knochengerüst lernte. Er experimentierte, bis ihm die Eingebung kam: Das Problem fing beim Maßnehmen an! Der Fuß wurde flach am Boden gemessen, was den Fokus auf die Ferse und den Ballen lenkte. Das schien sinnvoll zu sein, weil die Fußwölbung beim Laufen nicht den Boden berührte. Aber: Barfuß läuft man eben ganz anders als mit Schuhen! Seine bahnbrechende Lösung: eine gute Sohle, die das Fußgewölbe unterstützt. So veränderte er all seine Leisten nach diesem Prinzip. Seine weiblichen Kunden waren ihm zutiefst dankbar und endlich schmerzfrei.

Dann schlug die Weltwirtschaftskrise Ende der Zwanzigerjahre wie eine Bombe ein, und das Spaßjahrzehnt der Sorglosigkeit und Modebegeisterung war schlagartig beendet. Der drohende Zweite Weltkrieg, die finanzielle Verunsicherung und politischen Unruhen besorgten dann den Rest und erstickten jegliche Kreativität in der Modewelt im Keim. Je unauffälliger, konventioneller und bequemer, desto besser. Das spiegelten auch die Designer wider. Im März 1938 verkündete die *Chicago Daily Tribune* trist, dass »Grau die Farbe des kommenden Frühlings« sei.

Die Materialknappheit im Zweiten Weltkrieg führte zu Zwangsrationalisierungen auf beiden Seiten des Atlantiks. Selbst in Amerika wurden nicht nur Lebensmittel, sondern auch Kleidung rationalisiert. Schuhe waren besonders betroffen und machten den Anfang. Materialien, Farben und sogar die Höhe der Absätze wurden streng limitiert. Auch in Hollywood. Stars waren plötzlich gezwungen, ihre eigenen Schuhe mit zum Dreh zu bringen. Frauen mussten die Männer abermals am Arbeitsplatz ersetzen und tauschten ihre Kleidchen gegen Overalls, ihre Riemchen-Pumps gegen bequemes Schuhwerk aus. Auch Millionen deutscher Frauen. Nachdem die Nationalsozialisten sie erst aus dem Berufsleben verdrängt hatten – weil die Frau in ihrem Weltbild nur eine Rolle zu erfüllen hatte: die der guten Mutter und Ehefrau –, wurden sie 1942 sogar zwangsverpflichtet und mussten in Büros, Fabriken und auf Feldern mit teils harter körperlicher Arbeit die Kriegsmaschinerie am Laufen halten. Frauen begannen zu improvisieren und bastelten sich ihre eigenen Schuhe aus Holz und Kork. Leder war eine absolute Rarität! Parallel formierte sich in Amerika ein neues Phänomen: das erotische Pin-up-Girl. Die schmachtenden Soldaten, getrennt von Ehefrauen, Freundinnen und Liebhaberinnen, trösteten sich mit sexy Fotos von Hollywoodstars wie Lana Turner, die sie in ihren Kasernenschließfächern aufhängten, auf Englisch: to pin up. An den Füßen natürlich verführerische High Heels.

Ob dieses Frauenbild als Sexsymbol tatsächlich einen Beitrag zur Emanzipation leistete oder lediglich Männerfantasien befriedigte, ist unklar. Umso erstaunlicher, dass etwa zur gleichen Zeit der amerikanische Ph.D.-Psychologe William Moulton Marston mit einem Pin-up-Girl ein ganz anderes visionäres Frauenbild propagierte: die Superheldin Wonder Woman, eine Nachfahrin der Amazonen-Kriegerinnen der griechischen Mythologie. Mit ihr schuf Moulton Marston die erste weibliche Comic-Heroine, die im Dezember 1941 in ihrem unsichtbaren Flugzeug von Paradise Island nach Amerika flog, um hier in einem hautengen US-Nationalflaggen-Badeanzug-Outfit mit knallroten, kniehohen Absatz-Boots für Frieden, Gerechtigkeit und vor allem für

Schritt für Schritt emanzipiert

die Gleichberechtigung der Frauen zu kämpfen. Sie war Superman direkt auf den Fersen, der schon seit 1938 die Welt rettete, und auch Batman, der seit 1939 durch Gothams Schluchten flog. Der Künstler Harry G. Peter war verantwortlich für den optischen Auftritt der Heroine und kreierte jene Stiefel der Heldin, die 25 Jahre später einer der größten Modetrends werden sollten.

Marstons Intention war es, Kindern zu vermitteln, dass Frauen stark, mutig, frei und Männern in keiner Weise unterlegen sind. Er wollte Mädchen inspirieren, selbstbewusst den gleichen Karriere- und Lebenszielen hinterherzujagen wie die Jungs. »Frei heraus, Wonder Woman ist eine psychologische Propaganda für einen neuen Typus Frau, der, wie ich glaube, die Welt regieren sollte«, sagte er mal und ließ Wonder Woman 1943 sogar für die US-Präsidentschaft kandidieren. »Die einzige Hoffnung für unsere Zivilisation ist größere Freiheit und Gleichberechtigung für Frauen in allen Bereichen der Menschheit.«

Als Sinnbild der perfekten Haus- und braven Ehefrau überlebten ausgerechnet High Heels die mentale Wende der Fünfziger. Ganz ohne politische Botschaft oder erotische Symbolik. Frauen, die sich jahrelang selbst versorgt hatten, wurden wieder zurück nach Hause an den Herd geschickt. Sie mussten Platz machen für Tausende Soldaten, die aus dem Krieg heimkehrten, und für den Nachwuchs sorgen. Als hübsch anzuschauende Ehefrauen und Mütter. Ihnen wurde eingeflößt, dass sonst die Stabilität der Nation gefährdet sei. Von Gleichberechtigung war erst mal keine Spur mehr. Weiblichkeit wurde wieder modisch hervorgehoben mit Bleistiftröcken, schwingenden Petticoats, schicken Kostümen, eng anliegenden Blusen, betonten Hüften, Busen und Stilettos. Hosen verschwanden fast komplett, und selbst Mieder und Wespentaillen kehrten zurück. Auch in Deutschland. Die Trümmer waren mit flachen Schuhen weggeräumt worden, nun trauten sich die deutschen Frauen wieder an spitze Pumps und Stöckelschuhe mit Pfennigabsatz heran. Wirtschaftswunderschuhe, die nicht mehr bequem sein, sondern zeigen sollten, dass man sich wieder was leisten konnte. Die neu gewonnene Leichtigkeit nach der entbehrungsreichen Zeit verbannte die klobigen, aus der Not geborenen Schuhmodelle und ersetzte sie durch filigrane Absätze, die immer höher wurden. Die Deutschen kosteten den neu gewonnen Wohlstand aus, kauften sich VW-Käfer, statteten ihre Wohnungen mit Nierentischen und Einbauküchen aus, machten Urlaub und hielten in der Welt Ausschau nach Modetrends. Vor allem in Italien, wo Salvatore Ferragamo auch den Stil der deutschen Frauen prägte. Stilettos mit dem schwindelerregend hohen Absatz waren das neue Designwunder. Ein architektonisches Meisterwerk, das angeblich erstmals 1954 von dem französischen Designer Roger Vivier umgesetzt wurde. Der filigrane lange Absatz perfektionierte den Hausfrauen-Look der Fünfziger. »Eine Dame gibt nie zu, dass ihre Füße schmerzen«, riet Marilyn Monroe damals als Lorelei Lee in *Gentlemen Prefer Blondes*. 1959 erschien dann Barbie auf der Bildfläche, ihre Füße permanent in Stiletto-Stellung. Als Inspiration diente damals angeblich die deutsche »Bild-Lilli«. Eine populäre Cartoon-Figur in der *Bild*-Zeitung, die von 1955 bis 1964 als Spielzeug verkauft wurde. Lilli war das Symbol für das deutsche Wirtschaftswunder und natürlich immer makellos, schick und in Heels gekleidet.

Gegen Ende der Fünfziger propagierten Stars wie Audrey Hepburn dann ein ganz neues Frauenbild, intellektuell und androgyn statt brav-sexy und weiblich. Mit Schuhen optisch umgesetzt: flache Ballerinas und Loafers statt hoher Stilettos.

Die Nachkriegsidylle begann zu wackeln, und in den Sechzigern fing es an zu brodeln. Werte und Moral der Elterngeneration wurden infrage gestellt, der Nachwuchs verlangte mehr vom Leben als ein perfektes Vorzeigeszenario. Das Jahrzehnt der Jugendrevolte begann. Historische Ereignisse wie die Mondlandung der Apollo-11-Mission, der Vietnamkrieg, die Bürgerrechtsbewegung, die Pille, sexuelle Revolution, »Youthquake« und die Beatlemania lösten eine Flut sozialer, politischer und modischer Veränderungen aus, die nicht mehr aufzuhalten war.

Auch die Designer wurden mitgerissen. Stilettos waren plötzlich passé und fielen mit dem Image der perfekten Ehefrau in Ungnade. High Heels (sowie Lockenwickler, BHs und Pinzetten) landeten als Symbole der Frauenunterdrückung bei den legendären Demonstrationen der »Women's Liberation«-Bewegung 1968 metaphorisch und im Wortsinn im »Abfalleimer für den Frieden«. Man wollte um alles in der Welt nicht so gekleidet sein wie die eigenen Eltern. Niemand traf den Zeitgeist damals präziser als die britische Designerin Mary Quant. Die Autodidaktin stillte das Verlangen nach »Neuem« und verewigte sich mit dem revolutionären Minirock. Erst in London, dann im Rest der Welt. »Hoch mit dem Rocksaum« hieß es 1970 auch auf einem Protestplakat einer Frauendemo in München. Auch wenn Quant eine ganze Generation Eltern in Schockzustand versetzte, bekam sie 1966 für ihre modischen Verdienste von Königin Elisabeth II. im Buckingham Palast sogar den »Order of The British Empire« verliehen. Sie erschien selbstverständlich: im Minirock. Das Symbol der Rebellion und sexuellen Befreiung, das mindestens zehn Zentimeter oberhalb des Knies endete, wurde sogleich von den französischen Designern André Courrèges, Pierre Cardin und Yves Saint Laurent adaptiert. Mit den freigestellten Beinen holte Quant auch den mehrere Jahrzehnte verschmähten Stiefel auf die Bildfläche zurück. Aber dieses Mal galt: Je knalliger, bunter und höher, desto besser! Neue Materialien wie Vinyl, PVC und andere synthetische Lederersatzwaren waren günstig (in Echtleder wären diese ultrahohen Stiefel für die meisten Frauen nicht erschwinglich gewesen) und erlaubten allerlei Experimente. Die futuristischen Pop-Art-Stiefel, auch Go-Go-Boots genannt, in allen erdenklichen Farben mit flachen quadratischen Absätzen trafen damals den Nerv der Zeit.

Die 25-jährige Nancy Sinatra machte die Boots zu ihrem Markenzeichen und verewigte sie 1966 mit ihrem Hit *These Boots are Made for Walking*. Eine Emanzipationshymne mit Zeilen wie: »one of those days these boots are gonna walk all over you«. Gemeint war, dass die Frau ihrem untreuen Mann »die Stiefel gibt« aka ihn zum Teufel jagt. Selbstbewusst, emanzipiert und beschuht wie eine moderne Amazone oder Wonder Woman. Boots signalisierten Stärke und gleichzeitig Weiblichkeit und waren dazu noch sexy. Zu zugkräftigen Aushängeschildern der Popkultur machten die ultrahohen Stiefel auch Power-Emanzen wie die Spionin »Emma Peel« und Science-Fiction-Heldin »Barbarella« (gespielt von Jane Fonda).

Selbst Stewardessen trugen damals knallige, kniehohe Plastik-Boots. Die Pacific-Southwest-Flotte flog in blutroten Stiefeln mit extrem kurzen pinkfarbenen Minis und verbreitete eher den Eindruck, dass sie Drinks in einer Diskothek servieren wolle, statt hoch oben in der Luft Fluggäste zu bedienen. Damals ein begehrter Job für unabhängige Frauen, aber mit Arbeitsbedingungen, die mit Gleichberechtigung wenig zu tun hatten: Alle Flugbegleiterinnen mussten Single sein. Wer heiratete, flog sofort raus. Die weibliche Realität in der Arbeitswelt war von der Egalität noch weit entfernt.

Der Kampf war also längst nicht gewonnen. Für einige Feministinnen lenkten die sexy Boots und Miniröcke nur ab. Alice Schwarzer, Deutschlands bekannteste Feministin und Verlegerin des Frauen-Magazins *Emma*, hat sich gegen Minis entschieden, als sie merkte, dass man sie für »eine dumme Blondine im kurzen Rock« hielt. Sie lebte damals in Paris, war befreundet mit Simone de Beauvoir, der Frauenrechtlerin der ersten Stunde. Zu Schwarzers Zielen gehörten die Legalisierung von Abtreibungen sowie die finanzielle Unabhängigkeit und sexuelle Selbstbestimmung der Frauen. So war die Antibabypille, die Deutschland 1961 erreichte, für Alice Schwarzer ein Meilenstein. Mit der Aktion und *Stern*-Titelgeschichte *Ich habe abgetrieben* brachte sie 1971 in Deutschland den Stein gegen Paragraf 218 (der Abtreibung gesetzlich als Straftat definierte) ins Rollen. Und sie war aktiv daran beteiligt, dass Deutschland im Jahr 1976 endlich das Ehe- und Familienrecht reformierte. Bis dato konnte ein deutscher Ehemann seiner Frau noch immer verbieten, einen Beruf auszuüben. Mit der Begründung, dass sie ihre Hausfrauenpflichten vernachlässigte. Genau das – die außerhäusliche Berufstätigkeit – war für Schwarzer der Schlüssel zur Gleichberechtigung, wie sie 1973 in ihrem Buch *Frauenarbeit – Frauenbefreiung* proklamierte.

So strömten Frauen in den Siebzigern in die Arbeitswelt und erstmals auch in Massen an Hochschulen und Universitäten. Dort wurden Schuhe zum Protestsymbol. Man trug Plateausohlen, Block- und flache Absätze. Man ging in Holzclogs auf Friedensdemos, trug Römersandalen auf Festivals und Gesundheitsschuhe von Birkenstock in den Hörsälen. Das hatte Signalwirkung. Unrasierte Beine, lange unfrisierte Haare, der Verzicht auf Make-up und BHs vervollständigten den Hippie-Look der Siebziger. Sie stellten die Schönheitsideale vergangener Zeiten auf den Kopf. Gleichzeitig explodierte die Disco-Ära mit den glamourösesten Outfits und Extrem-Plateaus in allen Regenbogenfarben, verziert mit Strass, Glitzer und Pailletten. Mode wurde von den Protagonisten des legendären New Yorker Nachtclubs Studio 54 und Filmen wie John Travoltas *Saturday Night Fever* diktiert. Und erstmals wurden auch die Männer vom Höhenrausch ergriffen (mit Ausnahme der Cowboys, die Absätze schon lange, aber aus praktischen Gründen trugen). Sie tanzten in glitzernden Monster-Plateauabsätzen über die Bühne, einzig und allein um cool zu sein. Vor allem die Stars der pulsierenden Glam-Rock-Szene wie Elton John, David Bowie und Marc Bolan von der Band T-Rex. Sie bedienten sich in der Frauengarderobe nicht nur bei den Schuhen, sondern kleideten sich von Kopf bis Fuß ultrafeminin (bis hin zur Federboa), ironischerweise um besonders männlich zu wirken. Mit seinem Alter Ego Ziggy Stardust trieb Bowie es auf die Spitze und kreierte eine Bühnen-Fantasiegestalt, die Make-up trug, hautenge Turnanzüge, Seidenstrümpfe, Capes und ultrahohe Plateau-Boots oder auch gerne schwarze Fetisch-Schnürstiefelstilettos.

In den Achtzigern wurden die klobigen Plateauschuhe der Discodiven von klassischen Pumps verdrängt. »Dress for Success« war nun das Motto. Denn nachdem Frauen in den Siebzigern an die Universitäten strömten, klagten sie in den Achtzigern hochqualifiziert ein, was ihnen zustand: gleiche Bezahlung und Jobs in den Chefetagen auf Augenhöhe mit den Männern. Die Stelle der Sekretärin war nicht mehr genug. Der Erfolgslook: breite Schultern wie ein Kühlschrank und kurze hautenge Röcke. Oben ultramaskulin, unten extrem feminin. Die neu gewonnene Autorität signalisierten sie mit exklusiven Schuhkreationen von Designern wie Manolo Blahnik, Charles Jourdin und Walter Steiger. Modelle, die sich eine Sekretärin nicht leisten konnte. Seriöse Pumps, unauffällig, nüchtern und auf keinen Fall provokant. Nicht zu hoch und nicht zu flach. Frauen wollten ernst genommen werden, ohne ihre Weiblichkeit aufzugeben.

Gleichzeitig infiltrierte ein demokratischer Feldzug die Gesellschaft mit Schuhen wie Vans, Doc Martens und Chucks. Jede

Lebenseinstellung fand ihre eigene Nische und ihren eigenen Schuh, in dem sie bis in die Neunziger stiefelte.

Vielleicht ist die viel zitierte Kult-Show *Sex and the City* nicht der einzige Auslöser, aber die Serie hat mit ihrer stilsicheren Propaganda für den High Heel als Symbol für erfolgreiche unabhängige Single-Frauen weltweit eine Begeisterungswelle für hohe Absätze in Bewegung gesetzt. Sie werden längst nicht mehr als Ausdruck weiblicher Unterdrückung verstanden.

Auch wenn das Trendpendel derzeit wieder stark in Richtung Flach ausschlägt und Frauenrechtlerin Alice Schwarzer sich nie für Stilettos erwärmen können wird: »High Heels führen nicht in die Freiheit. Sie sind eine Falle. Würden Männer Stöckelschuhe tragen? Niemals!«, sagte sie noch vor Kurzem in einem Interview mit dem *Tagesanzeiger*. Die Französin Sophie Bramly sieht das ganz anders und sagt in der Doku *God Save My Shoes*: »Frauen nutzen High Heels heute als Werkzeug ihrer Macht.«

Natürlich ist der Geschlechterkampf noch längst nicht vorüber. Modische Entscheidungen werden Frauen in unserer ach so modernen Gesellschaft noch immer zum Verhängnis. Man sollte meinen, dass der Kampf gewonnen wäre, wenn eine Frau Kanzlerin Deutschlands ist und zur nächsten US-Präsidentschaftswahl eine weibliche Kandidatin zur Debatte steht. Aber was und warum Politikerinnen wie Angela Merkel, Hillary Rodham Clinton und Sarah Palin an den Füßen tragen, ob die eine ihre Weiblichkeit als Waffe nutzt, während die andere zu sehr versucht, ihren Mann zu stehen, interessiert manchen Wähler mehr als das politische Programm. Männlichen Politikern schaut jedenfalls niemand ernsthaft auf die Füße. Doch Fakt ist, dass es heutzutage nicht mehr den einen Schuh gibt, mit dem man als Frau seine Ziele, Absichten und Lebensansichten ausdrückt. Im Gegenteil: Frau hat die Wahl und die Optionen sind endlos. Ein Louboutin-

High-Heel kann ebenso viel Selbstbewusstsein ausstrahlen wie ein Birkenstock. Und ein und dieselbe Frau kann heute einen sexy Manolo tragen und am nächsten Tag einen sportlichen Turnschuh. Oder beides am selben Tag. Wir können uns jeden Tag aufs Neue für eine andere Schuh-Identität entscheiden und tragen, wonach uns gerade ist. In den meisten Fällen ohne auch nur eine Sekunde darüber nachzudenken, was man damit eigentlich ausdrücken möchte. Damit sind wir aus modischer Sicht schon fast am Ziel.

Kunst auf Sohlen

Wie Schuhe im Museum landeten

Der Schuh hat einen langen und beschwerlichen Weg hinter sich. Jahrhundertelang von Menschen schonungslos über Stock und Stein, durch Wind und Wetter getragen, versteckt unter langen Röcken, ohne Rücksicht auf Empfindlichkeiten und schon gar nicht auf sein Entfaltungspotenzial. Aber Jahrzehnt für Jahrzehnt hat sich der Schuh Millimeter für Millimeter näher ans Rampenlicht herangetastet. Er bewies seinen Trägern, dass er mehr kann, als den Fuß vor widrigen Umständen zu schützen. Sein größtes Talent: Verführungskunst. So ließ sich der Mensch nach und nach verführen. Er begann den Schuh irgendwann derart zu achten, dass er ihn mit teuren Spannern, Pflegemitteln, Politur und eleganten Kartons verwöhnte. Er baute ihm Schränke, Schreine und zu guter Letzt ganze Kammern. Aus der Zweckgemeinschaft wurde Schritt für Schritt eine leidenschaftliche Liebesbeziehung. Die geht mittlerweile so weit, dass wir Menschen den Schuh hinter Glas in Museumsvitrinen verehren und dort nur noch vorsichtig mit weißen Handschuhen berühren. An die harten Zeiten, in denen sich die Sohle auf dem rauen Asphalt aufrieb, ist für so manchen Schuh gar nicht mehr zu denken. Stattdessen werden einige auserwählte Modelle samt ihren Trägerinnen in Limousinen von Ort zu Ort chauffiert. Ein kurzer Auftritt hier und da, ein paar bewundernde Blicke von rechts und links, und schon geht es wieder zurück in die edel ausgestatteten Kleiderkammern. Funktionalität ist für so manchen Schuh längst keine Priorität mehr. Ganz im Gegenteil.

»Wenn ich einen Schuh vergöttere, ist mir egal, ob er in meiner Größe zu haben ist. Ich kaufe ihn trotzdem«, soll Keira Knightley mal in einem Interview gesagt haben. Die britische Schauspielerin ist nicht die einzige Frau, die in Modelle investiert ohne die Absicht, sie jemals zu tragen. »Ich habe dieses Paar nur gekauft, weil ich es so unglaublich schön finde. Nie im Leben würde ich diese Heels anziehen. Sie sind unerträglich unbequem, aber ich wollte sie unbedingt besitzen«, sagt auch die US-Profi-Poker-Spielerin Beth Shak und hält in der Dokumentation *God Save My Shoes* bewundernd ein schwarzes Paar Louboutin-Stilettos mit Endlosabsatz und Schleifchenverzierung in die Kamera. Popstar Kelly Rowland bringt es in einer anderen Szene der Doku dann auf den Punkt: »Für mich sind Schuhe wie Kunstwerke. Ich liebe es, in meinen Schrank zu schauen und meine einzelnen Exemplare zu bewundern.«

Und so wie die Werke von Künstlern wie Gerhard Richter, Damien Hirst und Pablo Picasso sind auch Schuhe mittlerweile eine profitable Anlagemöglichkeit. »Eine Menge Leute investieren mittlerweile in Schuhe«, sagt Pat Frost vom renommierten Kunstauktionshaus Christie's in einem Interview mit dem *UK Telegraph*. »Brokatschuhe aus dem 18. Jahrhundert sind echte Sammlerstücke, die mittlerweile bis zu 25 000 Euro wert sind. Aber auch Schuhe von Roger Vivier, wie der berühmte Komma-Heel, sind für Sammler so etwas wie der Heilige Gral. Bei Christian Louboutin fängt es langsam an.« Für kleine Größen – ungetragen, versteht sich – wird am meisten geboten.

Im letzten Jahrhundert ließen sich fast alle relevanten Designer von der Kunstwelt beflügeln. Die berühmtesten Kreationen des französischen Designers André Perugia waren inspiriert von Werken der Kubisten. »Mode ist Kunst, und das ist meine Art zu malen«, soll er mal über seine Entwürfe gesagt haben. Sein Stiletto in Fisch-Optik basiert auf einem Gemälde von Georges Braque. Eine andere Sandale widmete Perugia in den Fünfzigern namentlich Pablo Picasso, die mit ihrem ausladenden Absatz eine Skulptur des Malers widerspiegelte und erst gar nicht zum Gehen gedacht war. Mittlerweile sind etliche Kreationen vieler Designer selbst Kunst. Dutzende Museen in aller Welt haben den Schuh als Kunstobjekt entdeckt. Sie widmen entweder einzelnen Designern oder allgemeinen Schuhtrends zahlreiche Ausstellungen. Das Design Museum in London präsentierte mit Manolo Blahniks Werken das allererste Mal einen Schuhdesigner, das Palais de Tokyo in Paris zeigte 2013 eine Roger-Vivier-Retrospektive. Im selben Jahr kurierte Mode-Expertin Valerie Steele »Shoe Obsession« im Museum des Fashion Institute of Technology in New York. Das Museum besitzt etwa 4000 Paar in seiner Dauerkollektion. Und im Brooklyn Museum sind derzeit 160 Exponate in »Killer Heels: The Art of the High-Heeled Shoe« zu bewundern. Überaus erfolgreich hat das Grassimuseum in Leipzig Schuhkunst 2013 als Thema aufgegriffen und dazu die Ausstellung »Starker Auftritt« mit über 150 Paaren konzipiert. Pistolenabsätze, tierische Haifisch-Pumps und Loafer, die aussehen wie eine geschälte Banane, visualisierten die Strahlkraft von Schuhen als »Skulpturen im Kleinformat«. Manchmal als Schuhwerk gar nicht mehr wiederzuerkennen. In Kanada gibt es sogar ein ganzes Museum, das sich auf fünf Etagen explizit der Schuhkunst hingibt: The Bata Shoe Museum in Toronto. Mit seinen 12 500 Artefakten und Modellen umfasst es 4500 Jahre Schuhkultur und -geschichte. Von den Fellschuhen der japanischen Samurai-Krieger über die monströsen venezianischen Plateau-Chopines aus dem 16. Jahrhundert bis hin zu zeitgenössischen Designer-Entwürfen. Auch prominentes Schuhwerk wie Robert Redfords Cowboystiefel, Elton Johns silberne Monogramm-Plateauboots, Elvis Presleys blaue Loafers und John Lennons legendäre Beatle-Stiefelette können hier besichtigt werden.

Die absatzlosen architektonischen Meisterwerke des japanischen Avantgardedesigners Noritaka Tatehana sind für derartige Schauen unabkömmlich. Seine von ihm selbst handgefertigten, eigenwilligen Konstruktionen haben nicht nur eine neue Flughöhe, sondern Kunststatus erreicht. Seine zeitgenössischen Kreationen lösen die Grenze zwischen Mode und Kunst auf. Sie sind Skulpturen und Sammlerstücke zugleich. Sehr wenige Frauen, wie Popstar Lady Gaga und Mode-Ikone Daphne Guinness, beherrschen die Kunst, darin zu laufen. Von diesen werden sie dann ein paar Mal kurz und stolz zur Schau getragen – so wie ein Gemälde eine Weile im Museum hängt –, nur um dann wieder fein säuberlich in die Schatzkammer zurücksortiert zu werden. Für den Straßenverkehr sind sie eindeutig nicht geeignet. Einige Modelle sind schlichtweg untragbar.

Auch Stararchitekten verschieben derweil die Barrieren zwischen den Disziplinen, und statt begehbarer Gebäude haben einige Baumeister in den letzten Jahren Schuhwerk gestaltet. Die iranisch-britische Architektin Zaha Hadid hat sowohl für Lacoste, United Nude als auch für die brasilianische Schuhmarke Melissa limitierte Auflagen entworfen. Futuristisch-asymmetrische Modelle, die die Ästhetik ihrer Bauten widerspiegeln, für die Hadid 2004 als erste Frau den renommierten Pritzker-Architektur-Preis verliehen bekam. Auch der berühmte amerikanische Architekt Frank Gehry hat seine kreativen Visionen in Schuhdesign umgesetzt, auch wenn dabei eine überraschend zahme Schwarz-Weiß-Stiefellette für das französische Label J. M. Weston entstanden ist.

Einer der einflussreichsten Schuhbewunderer überhaupt war Andy Warhol (1928–1987). Der amerikanische Künstler entdeckte den Schuh als Motiv für seine Werke schon in den Fünfzigern. Lange vor seinen Campbell-Suppendosen, Brillo-Waschmittel-Boxen, den Marilyns und den Maos machte er Schuhe zu Kunst. Damals hieß er noch Warhola und arbeitete als kommerzieller Illustrator in New York. Er liebte es, Schuhe zu zeichnen, egal ob High Heel, Pump oder Stiletto. Seine Schuh-Illustrationen waren ein großer Erfolg und ebneten ihm den Weg in die kreative Avantgarde, die er bald maßgeblich prägen sollte. Begeistert von seinen Zeichnungen engagierte ihn die Schuhfirma I. Miller 1955 für ihre Anzeigen. Für diese wurde er sogar vom Art Director's Club ausgezeichnet. Und selbst das New Yorker Museum of Modern Art stellte eine der Schuh-Illustrationen schon 1956 in der Gruppenausstellung »Recent Drawings U.S.A.« aus. Die Fashion-bibel *Women's Wear Daily* nannte ihn den »Leonardo da Vinci der Schuhe«. 1980 und 1981 – mittlerweile ein weltberühmter Pop-Art-Künstler – kehrte Warhol zu seinem Lieblingsmotiv zurück und verewigte seinen Schuhfetisch mit der bekannten »Diamond Dust Shoe«-Serie. Siebdrucke von einem bunt zusammengewürfelten Haufen Absatzschuhe, berieselt mit Diamantenstaub für den verführerischen Glitzer-Effekt. Sowohl in Farbe als auch monochrom. Anfangs verwendete er dafür echten Diamantenstaub. Dieser glänzte Warhol aber nicht genug. So veredelte er seine Werke stattdessen mit pulverisiertem Glas, das mit größeren Kristallen intensiver glitzerte. Die Bilder verkörpern Glamour, Mode und Geld – drei von Andy Warhols Lebensprioritäten. Ein monochromes Werk der Serie wurde Anfang 2014 bei Sotheby's für fast 1,5 Millionen Euro versteigert.

Warhol war ein bekennender Schuh- und Fußfetischist. Er war magisch von ihnen angezogen, machte Fotos von berühmten Füßen (zum Beispiel Mick Jaggers), zeichnete sie in allen ihren endlosen Variationen. Seine eigenen oder die von Freunden wie Christopher Isherwood, Cecil Beaton und Leontyne Price. Füße neben Colaflaschen, Suppendosen und der US-Flagge. Und natürlich besaß er selbst unendlich viele Modelle: Reeboks, Topsiders, Cowboy Boots (angeblich achtzehn Paar), Loafers, Keds etc. Aber auch extravagante Frauenschuhe von Designern wie Halston waren Teil seiner Kollektion. 1985 verewigte er mit seinem Gemälde »Converse Extra Special Value« dann auch den amerikanischen Klassiker und Basketballstoffturnschuh von Chuck Taylor als Kunstwerk.

Ein Paar zusammengeschnürter weißer Pumps wurde schon in den Dreißigern (1936) von der surrealistischen Künstlerin Meret Oppenheim zu Kunst stilisiert, serviert auf einem Silberteller. Die Skulptur »Ma Gouvernante« der in Deutschland geborenen Schweizerin ist eines ihrer bekanntesten Werke und symbolisiert den sexuellen Geschlechterkampf. Die Schuhe sind rücklinks gebündelt positioniert wie Geflügel, suggerieren aber gleichzeitig gespreizte Frauenbeine. Phoebe Philo, die Designerin des französischen Modehauses Céline, ließ sich wiederum anscheinend für einen ihrer erfolgreichsten Schuhentwürfe von Oppenheim inspirieren. Ihre birkenstockartigen Sandalen mit Pelzeinlage in Blau, Weiß oder Schwarz, die sie in Paris über den Laufsteg schickte und die für erstaunte Blicke in der ersten Reihe sorgten, wirken wie eine Hommage an Oppenheims »Déjeuner en fourrure« (Frühstück im Pelz) aus dem Jahre 1936. Die berühmte Künstlerin überzog nicht nur Schuhe mit braunem Pelz, sondern auch eine Teetasse samt Unterteller und Löffelchen. Ein Werk, das sie weltweit berühmt machte.

Schuhe und Kunst – zwei Welten, die sich gegenseitig befruchten. Das hat sich der Schuh hart erarbeitet. Auf Sohlen in allen Variationen. Kein Zweifel, er kann stolz auf sich sein. Er hat es weit gebracht.

Das Wichtigste zum Schluss

Die perfekte Schuh-Architektur und warum sie so wichtig ist

Das Deutsche Schuhinstitut in Offenbach macht sich Sorgen. Große Sorgen, um genau zu sein. Und zwar um den deutschen Fuß. Und das zu Recht. Laut einer Studie tragen 82 Prozent der deutschen Bevölkerung Schuhe, die gar nicht wirklich passen. Erstaunlicherweise nicht nur zu kleine, sondern meist zu große Modelle. Und das, ohne es zu merken! Da ist es kein Wunder, dass das Institut Alarm schlägt und mit einem ganzen Buch Aufklärungsarbeit leisten möchte: *Wie finde ich meinen passenden Schuh.* Der Grund für die besorgniserregende Unstimmigkeit am Fuß: Die deutschen Schuhträger sind nicht ausreichend informiert. Genau das will das Buch ändern.

Ich selbst gehöre leider auch zum Stamm ignoranter Schuhkäufer, der sich von optischen Gesichtspunkten leiten lässt (abgesehen von meiner beachtlichen Kollektion Birkenstocks). Und das, obwohl nichts schlimmer ist, als sich mit schmerzenden Füßen durch den Tag zu quälen. Trotzdem ertappe ich mich ständig und immer wieder in unbequemen Schuhen. Die Übeltäter sind nicht nur High Heels. In meinem Schrank verbergen sich erstaunlicherweise auch ein paar Schmerzen verursachende Modelle, deren Sohlen flacher nicht sein könnten. Gerade letzte Woche stand ich in einem absatzlosen Paar spitz zulaufender Loafer auf der Geburtstagsparty einer Freundin und konnte mich kaum auf das Gespräch und mein Gegenüber konzentrieren. An einer ungewöhnlichen Stelle rieb sich der Schuh seitlich in meinen Fuß, und die ganze Fußsohle fühlte sich seltsam verkrampft an. Meine komplette Gehirnkapazität wurde von diesem Schmerz in Anspruch genommen, und ich wünschte mir nichts sehnlicher, als so schnell wie möglich mit dem Taxi nach Hause zu fahren, um diese Schuhe sofort in die Altkleidersammlung zu befördern (was natürlich erst einige Jahre und Trageversuche später passieren wird – die Hoffnung »vielleicht läuft er sich ja doch noch ein« stirbt zuletzt). Und das, obwohl ich gerade ein Vermögen für diese neuen glänzenden Loafer ausgegeben hatte! »Ein großer Fehler ist, Druckstellen zu ignorieren in der Hoffnung, man würde sich daran gewöhnen oder der Schuh würde sich einlaufen«, so der Facharzt für Orthopädie und Schuhinstitut-Experte Dr. med. Norbert-L. Becker, »beides erfüllt sich fast nie.« Genau deshalb konsumiere ich jeden Sommer wieder haufenweise Pflaster, um meine mit Blasen übersäten Füße wenigstens ansatzweise mobil zu halten. Und auch wenn ich mir jedes Mal wieder hoch und heilig vornehme, nur zuzuschlagen, wenn der Schuh wie angegossen passt, ende ich regelmäßig mit Fehlkäufen. Ganz besonders häufig in der Sample-Sale-Saison. Wenn es zwickt, rede ich mir ein, dass sich der Schuh sicher noch ein wenig weitet. Wenn es schlabbert, bilde ich mir ein, dass man den überflüssigen Platz im Schuh perfekt mit einer guten Sohle ausfüllen kann. Meine irrationale Gehirnhälfte siegt fast immer. Dabei sollte jedes Exemplar laut Schuhinstitut von Anfang an Halt geben und gleichzeitig genügend Bewegungsfreiheit. »Ein

Das Wichtigste zum Schluss

passender Schuh hält den Fuß vor allem im Ballenbereich, der breitesten Stelle, fest. Dabei darf er nicht drücken«, so Becker.

Der Schuh muss also flexibel sein und darf nicht einengen. Schließlich bieten unsere Füße nur zweimal circa 100 Quadratzentimeter Standfläche, auf der wir unser gesamtes Körpergewicht durch die Welt tragen. Das ist dank der Fußwölbung überhaupt erst möglich (mit der wir uns entscheidend von anderen Primaten mit ihren platten Pranken unterscheiden!). Laut Schuhinstitut umrunden wir auf dieser winzigen Fläche im Laufe unseres Lebens viermal die Erde. Dabei federt der Fuß bei jedem Schritt das Dreifache unseres Körpergewichtes ab, eine architektonische Meisterleistung. Und das seit etwa vier Millionen Jahren, seit wir uns dauerhaft aufrecht bewegen können, dank unserer komplexen Füße! Ein Meilenstein in der Evolution der Menschheit. 26 Knochen (und das, obwohl der gesamte Körper nur aus 206 Knochen besteht!), zwei Sesambeinchen, 22 Gelenke, etliche Sehnen und 19 Muskeln bilden das hoch ausgebildete und flexible Gerüst. Die Muskeln im Unterschenkel sind im Zusammenspiel mit dem Fuß besonders wichtig, vor allem beim Abrollen und Abstoßen. Barfuß werden all diese Muskeln beim Ausgleichen von Bodenunebenheiten automatisch gestärkt und halten den Fuß in Form. Mit Schuhen sieht das leider ganz anders aus. Und diese tragen wir ja nun fast den ganzen Tag, und das seit vielen Tausenden von Jahren. Die Folge: Muskeln schlaffen ab, was besonders dramatisch ist, weil sie das unverzichtbare Fußgewölbe stützen. Sinkt dieses ab, kommt es zu erheblichen Problemen, weil die natürliche Federwirkung des Fußes behindert wird. Die bekannten Risiken und Nebenwirkungen sind so vielfältig wie die Füße: Senk- oder sogar Plattfuß, Knick-, Hohl- oder Spreizfuß, Hallux valgus (Schiefzehe), Hammer- oder Krallenzehen.

Dass zu kleine Schuhe die Zehen stauchen und die Füße quetschen, was auch noch zu Durchblutungsstörungen in den Beinen oder zu Fußdeformationen wie Hallux valgus, Krallen- oder Hammerzehen führen kann, ist allseits bekannt. »Der Abrollvorgang wird gestört, mit Auswirkung auf die Biomechanik von Gang und Haltung. Der Fuß verkümmert und verliert seine Funktion als Stoßdämpfer«, erklärt Dr. med. Norbert-L. Becker. Trotzdem tragen zehn Prozent aller deutschen Frauen zu kleine Schuhe.

Dass aber auch zu große Schuhe erhebliche Schäden anrichten, ist eher eine Überraschung. Davon sind erstaunlicherweise etwa sechzig Prozent aller Frauen betroffen. Der Grund ist häufig, dass viele Schuhe viel zu schmal geschnitten sind. Vor allem, da wir Deutschen mittlerweile eher zu breiten Füßen neigen. Also greifen viele Frauen statt zu einem komplett anderen Exemplar einfach zu einem größeren Schuh derselben Sorte. Dann passen sie zwar in der Weite, sind aber viel zu lang. »Zu lange Schuhe behindern den Fuß beim Abrollen, verändern den Gang, und die Gelenke werden wesentlich stärker belastet, weil sie wenig Halt haben. Auch hier sind Krallenzehen die Folge«, so Dr. med. Norbert-L. Becker. Im schlimmsten Fall kann sogar der Vorfuß versteifen.

Falsches Schuhwerk – ob zu klein, zu groß, mit zu harter oder zu weicher Sohle – kann sich auf den ganzen Körper auswirken. »Manche Menschen laufen jahrelang ohne Probleme mit einer Schiefzehe rum, bis es dann irgendwann ernst wird«, meint Fußspezialist Dr. Becker. Denn wenn der Fuß schmerzt, verlagert man sein Gewicht, um den Schmerzen zu entkommen, und setzt dabei eine fatale physische Kettenreaktion in Gang. Die Gelenke werden belastet, Muskeln verspannen sich, und die gesamte Körperhaltung gerät aus der Balance. Das führt laut dem Deutschen

Das Wichtigste zum Schluss

Schuhinstitut zu Verspannungen, Rücken- und Kopfschmerzen. Die Venen können dabei beschädigt und Gelenkknorpel kann abgenutzt werden. Letztendlich kann sogar Arthrose entstehen. Und das, obwohl unsere Füße genetisch und anatomisch darauf ausgerichtet sind, ein Leben lang problemlos extrem weite Strecken zurückzulegen. Aber eben barfuß, was in unserer zubetonierten westlichen Welt kaum mehr möglich ist.

Jeder Fuß ist ein Unikat, ganz so wie ein Fingerabdruck. Es gibt breite und schmale Füße, lange und kurze Zehen, hohe und flache Firste etc. »Daher ist es ein großer Fehler, sich alleine auf die ausgewiesene Schuhgröße zu verlassen«, betont Dr. med. Norbert-L. Becker. Zumal das Fußgewölbe im Laufe des Lebens absinkt, was dazu führt, dass der Fuß länger wird und sich im Alter die eigene Schuhgröße erhöht, manchmal sogar um zwei Nummern.

Der ideale Weg zu gesunden Füßen bestünde daher in maßgeschneiderten Schuhen. Für deren Fertigung werden die Füße exakt vermessen, und eine ganz individuelle Leiste wird hergestellt, das Fundament jedes Schuhs. Die originalgetreuen Abbildungen des Fußes sind die Grundlage für jene Maße, die für einen maximal gesunden und komfortablen Gang sorgen sollen. Wichtig ist allerdings eine Zugabe von einigen Millimetern, da sich der Fuß laufend etwas streckt und genügend Platz zum Abrollen bleiben muss. Daher gilt bei der Anprobe immer noch die Regel: plus eine Daumenbreite. Maßgeschneiderte Modelle besitzt heute allerdings fast niemand mehr, nicht zuletzt, weil die Herstellung der Leisten sehr kostenintensiv ist. In der industriellen Herstellung hingegen dient eine Standardleiste als Basis für Tausende von Schuhen. Und genau hier liegt die Wurzel des Problems. Hat man früher wenigstens zwischen einzelnen Ländern, Kontinenten und Kulturen differenziert, wird mittlerweile aus Wettbewerbsgründen global vereinheitlicht. »Bequeme Schuhe zu konstruieren, die ganz unterschiedlichen Fußtypen und Nationalitäten wie angegossen passen, ist daher eine große Herausforderung geworden«, erklärte mir Ulrich Grimm, Creative Director von Calvin Klein Accessoires. Wenn nicht gar unmöglich. Genau deshalb rät Grimm, einem Schuhlabel oder Designer treu zu bleiben. Wenn die Boots von Calvin Klein besonders gut passen, ist davon auszugehen, dass deren Standardleiste den eigenen Fußmaßen besonders nahekommt. Was dann auch auf die zukünftigen Modelle von Calvin Klein zutrifft.

Etwa 150 verschiedene Arbeitsschritte sind für die Herstellung eines guten Schuhs notwendig. Bei hochwertigen maßgeschneiderten Schuhen sind es sogar bis zu 250 – von Hand, versteht sich. Das kann bis zu sechs Monate und fünfzig Arbeitsstunden dauern. Inklusive sechs bis zwölf Mal Maßnehmen.

Leider führt genau dieser Konstruktionsaufwand in der Massenproduktion dazu, dass die unterschiedlichen Breiten der Füße unter den Tisch fallen beziehungsweise international vereinheitlicht werden.

Ganz besonders schmerzhaft sind natürlich High Heels, die nicht sitzen. Hier tummeln sich besonders viele potenzielle Fehlkäufe und -konstruktionen in den Regalen der Schuhläden. Ganz wichtig ist, dass der Schuh gut am Fuß sitzt und der Ferse Halt gibt. Voraussetzung ist die passende Fuß- und Fersenbreite. Absolut entscheidend sind die Sprengung, also die Abstimmung der Sohle auf die Absatzhöhe, und die Positionierung. Die Schuhspitze sollte immer leicht nach oben zeigen. Hochwertige Hersteller investieren sehr viel Zeit, um hier die ideale Balance und korrekte anatomische Ausrichtung zu finden. Deshalb haben bequeme High Heels oft ihren Preis, so das Deutsche Schuhinstitut. Länger als drei, vier Stunden sollte man allerdings auch auf perfekten Konstruktionen nicht herumstöckeln, weil hohe Absätze die natürliche Gewichtsverteilung ändern und diese von der Ferse auf den Vorfuß verlagern. Das wiederum führt zu verkürzter Waden- und unterentwickelter Schienbeinmuskulatur. Was kann man also tun? Öfter mal auf seine Vernunft hören, auch wenn der Schuh preislich oder optisch noch so verführerisch glänzt, und irgendwann vielleicht auf ein maßgeschneidertes Unikum sparen. Und beim Shoppen die guten alten Faustregeln beachten: Schuhe immer in den späten Nachmittagsstunden kaufen, da sich der Fuß im Laufe des Tages ausdehnt. Vorne immer eine Daumenbreite (etwa 10 Millimeter) Luft lassen. Modelle mit Obermaterial aus echtem Leder auswählen, denn die passen sich dem jeweiligen Fuß an und sind im Gegensatz zu Kunststoffen atmungsaktiv. Nach dem Kauf gilt: Abwechslung bei der täglichen Schuhauswahl! Das Schuhinstitut empfiehlt eine 24-stündige Pause nach jedem Tragen, damit der Schuh ausreichend trocknen kann. (Ja, unsere Füße schwitzen nämlich ständig! Im Verhältnis zum restlichen Körper findet man im Fuß überdurchschnittlich viele Schweißdrüsen, etwa 400 bis 600 pro Quadratzentimeter.) Pausen verlängern die Lebensdauer. Idealerweise gönnt man den Schuhen in der Auszeit daher Schuhspanner, die übermäßige Gehfalten sowie ein Zusammenziehen des Leders beim Trocknen verhindern. Ein schöner Zusatzeffekt: Bei jedem unterschiedlichen Schuh werden unterschiedliche Muskelgruppen beansprucht und stimuliert. Und sonst? Sooft es geht, barfuß laufen! Das kräftigt die Fußmuskeln, trainiert das Gleichgewicht und laut Schuhinstitut sogar das Immunsystem. Es ist jedoch Achtsamkeit geboten: Da Schuhe uns die Arbeit des Abfederns abnehmen, setzen wir barfuß tendenziell zu sehr auf der Ferse auf. Deshalb weniger fersenfokussiert abrollen und bewusst gehen! Fußgymnastik wirkt Wunder! »Es gibt ein ganzes Sortiment, von krankengymnastischer Anleitung bis hin zu spielerischen Übungen, die man in den Alltag integrieren kann. Vor allem ist es wichtig, dass der Fuß sich frei bewegen kann, sich nicht im Schuh befindet und durch Strumpfwerk nicht beengt wird«, so wiederum Dr. med. Norbert-L. Becker, »dem Erfindungsreichtum sind hier keine Grenzen gesetzt.« Deshalb: Schuhe aus und loslegen!

Literatur

»Women from the Ankle Down«, Rachelle Bergstein

»Shoes«, Linda O'Keeffe

»Fifty Shoes That Changed The World«, Design Museum

»The Shoe Book«, Nancy MacDonell

»Wie finde ich meinen passenden Schuh?«, Deutsches Schuhinstitut

»Born To Run«, Christopher McDougalls

»Coco Chanel«, Lisa Chaney

»Shoes. An Illustrated History«, Rebecca Shawcross